伟 大 的 思 想
GREAT IDEAS

16

词语的力量
THE POWER OF WORDS

〔法〕西蒙娜·薇依 著

魏柯玲 译

商务印书馆
The Commercial Press

THE POWER OF WORDS
by Simone Weil
Selection copyright © Penguin Books Ltd
Cover artwork © David Pearson
Simplified Chinese edition copyright © 2023 by The Commercial Press in association with Penguin Random House North Asia.
All rights reserved.

"企鹅"及相关标识是企鹅兰登已经注册或尚未注册的商标。未经允许,不得擅用。
封底凡无企鹅防伪标识者均属未经授权之非法版本。

涵芬楼文化 出品

译者序

……通过神意的安排,有些词语如果使用得当,自身便具有启迪与向善的效力。……

神与真就是这样的词。正义、爱、善亦然。

——西蒙娜·薇依

关于西蒙娜·薇依,也许不得不首先提及她如此短暂而非凡的一生。她1909年出生于巴黎,1943年逝世于英国。在这仅仅三十四年的脆弱生命里,她在读书、思考、劳作、介入、写作中燃尽了自己,如一颗耀眼的流星划过20世纪的天空,其思想和精神至今照亮我们。在她,思想和行动绝非生活的不同侧面,而就是生命赖以展开的存在方式。

薇依短促浓烈的一生与她身后留下的数量惊人的文稿,及其行动之激进彻底,思想之宽广与深邃,复杂与神秘,令人无法不产生恍若见证某种神迹的感受。艾略特称她为近乎圣徒的天才,米沃什则说,她是法兰西赠予当今世界的一份珍贵献礼。

为方便读者,也许仍有必要对她的生平与作品做一扼要回顾。

薇依出身于法国的犹太家庭,自幼具有深厚的古典教养,接受的是从亨利四世高中到巴黎高师的精英教育,22岁获得哲学教师资格,开始在高中教授古希腊文与哲学。而她一生抗拒优裕的物质条件,幼年起即表现出对苦难者的同情。这一倾向促使她对社会不公、劳工条件、压迫与自由,以至政党、制度、社会秩序、人类境遇、战争与和平等问题做出不间断的思索。而她与一般书斋中的知识分子大相径庭之处,便是脱离抽象的思辨世界,亲身投入劳动的经验,成为工人,成为农民,成为现代社会被压榨、被异化、被剥夺尊严、饱受屈辱的奴隶。1934年至1935年,她先后进入阿尔斯通、卡尔诺和雷诺的工厂,与其他工人一道在危险繁重的流水线上工作。关于这段经历,她后来写道:"我几乎崩溃了,……几乎无时无刻不被痛苦压迫";"与不幸的接触扼杀了我的青春。……他人的不幸进入了我的灵与肉。……我被永远打上了奴隶的烙印"。劳动的本质、工人的条件、不幸者的苦难、人的尊严、痛苦的救赎,成为她思索的重要主题。

1936年,薇依赴西班牙参加反对佛朗哥的内战。因笨拙和近视而烫伤,不得不返回巴黎。第二次世界大战的爆发彻底改变了她的人生路径,使她从和平主义者转变为战斗者。纳粹占领巴黎,她陪同父母一路逃亡至维希、马赛、卡萨布兰卡、纽约,又执意再次穿越大西洋抵达伦敦参加自由法国抵抗运动。在伦敦,她秉承一以贯之的行动风格,提议组建火线护士救援队并要求空降至法国占领区直接参与抵抗,未果,同时夜以继日地写作,短短数月间写下了超过八百页手稿,终于因肺结核和营养不良——她拒绝接受超出占领区民众配给份额的食品和营养品,也因身心交瘁的绝望和悲伤,于1943年8月24日逝于伦敦郊外一所疗养院。

薇依体弱,几乎终生为剧烈的偏头痛所苦,而从不幸与受难的深处生长出强烈的精神性与超越性。她曾叙及数次神秘体验:在葡萄牙的一座小渔村,在意大利阿西西的一座小圣母堂，在索莱穆修道院："我突然产生确信，基督教完全是奴隶的宗教，奴隶不能不认同之，而我便是奴隶中的一员"；"某种比我强大的力量迫使我，生平第一次，跪了下来"；"耶稣受难的概念永远进入了我的生命"；"基督亲身降临于我，将我攫获"。她拒绝受洗，只在无限的谦卑，极致的苦难，全神贯注的期待与顺服中感受必然性，体验上帝的临在。她的神秘主义融合了古希腊精神，特别是柏拉图的超自然理念，帕斯卡尔的认信与求索，耶稣的受难，基督教的慈悲，超验的神性与灵启。她的身体常常是笨拙的，思想常常是充满矛盾的，但她身体力行的道路是完美自洽的：人世的苦行，对正义与善的渴求，对世界之美的体悟，绝对真实而纯粹的执着追问，经由奉献与牺牲，通向"超自然的真实"，通向神恩，通向属灵的神圣、真理、爱与尊严。

薇依一生著述涉及哲学、宗教、社会、政治、历史、科学，亦撰有文学评论、诗歌和戏剧。但她生前只发表过一些散见于数种杂志的文章，身后留下大量未发表的文稿，包括未完成的手稿、笔记、备课记录，以及大量通信。法国伽利玛出版社经过系统的整理编纂，从1988年起陆续出版她的作品全集，分为七部共16卷，迄今已出齐13卷，总计近8000页。本书选录了薇依三篇重要文章，分别是《词语的力量》《个人与神圣》《灵魂的需求》。下面对这三篇文章的背景与内容略加介绍。

《词语的力量》原题为《不要再次发动特洛伊战争》(*Ne recommençons pas la guerre de Troie*)，最早于1937年4月分两期发表于半月刊《新札记》(*Nouveaux Cahiers*)，1960年收入伽利玛出版社出版的薇依文集《历史与政治文稿》(*Écrits historiques et politiques*)。法国剧作家让·季洛杜的剧作《特洛伊战争不会爆发》1935年在巴黎上演，作家借重写希腊神话表达对战争的忧惧。薇依这篇长文的题目便是受到此剧启发。时值战争阴影笼罩，彼时仍然秉承和平主义的薇依呼吁以因海伦而挑起的"特洛伊战争"为戒，切勿以种种打着"主义"旗号的虚妄空洞的抽象辞藻再次落入战争的泥潭，而战争的实质永远只是"数百万计的尸骸、孤儿、残缺者、绝望、眼泪"。她指出，"厘清概念，拒斥原本空洞的词语，通过精确的分析为其他词语规定用途，这才是可能拯救人类生存的工作"。

1942年年底抵达伦敦后,薇依参与了戴高乐抵抗运动组织各委员会构想战后法国社会的研究方案。《个人与神圣》一文便是在此背景下于1943年年初写成,1950年第一次发表于期刊《圆桌》(*La Table ronde*),后由伽利玛出版社于1957年收于《伦敦文稿和最后的信件》(*Écrits de Londres et dernières lettres*)。企鹅版中,此文题为"Human Personality",我们仍沿用法文原标题"La Personne et le Sacré"(《个人与神圣》)。这篇文章的副标题"集体-个人-非个人-权利-正义"(Collectivité - Personne - Impersonnel - Droit - Justice)即点明了薇依在其中所处理的主题。她对人的灵魂的各个领域进行澄清和归类,以非个人的神圣拒斥人格主义意义上的"人格",以及与之相连的人之"权利"概念,进而奠定一种以神性为旨归的政治哲学,为新的社会立法做出理论上和精神上的准备。这和她同一时期撰写的《扎根》是一脉相承的。

薇依于1943年1月到4月间在伦敦写就被称为其精神遗作的《扎根:人类义务宣言绪论》(*L'enracinement. Prélude à une déclaration des devoirs envers l'être humain*),其时她已不久于人世。遗稿由加缪于1949年在伽利玛出版社主持的"希望"丛书中出版。加缪称薇依为"我们时代唯一伟大的精神",并将这部作品誉为"长久以来关于我们的文明所写下的最清醒、最崇高、最美的著作之一"。薇依将扎根视为人类灵魂最重要却最被忽视也最难以定义的需求:"一个人通过对集体的真实、积极和自然的参与而扎根。……他需要通过自发与之成为一体的环境而接收自己道德、智性、精神的整体生命。"针对1789年以来的人权观,薇依开宗明义地提出,"义务的观念优先于权利的观念",并据此对个人、民主、人权等概念进行批判。她所关注的是如何将社会生活建立在超越权利的绝对而无条件的义务之上,唯此才可能满足人类灵魂的需求,正如人们必须满足身体的诸种需求那样。《灵魂的需求》一文便出自此书第一部分,另外两部分是"拔根"和"扎根"。薇依在文中列举了14种灵魂的需求:秩序、自由、顺服、责任、平等、等级、荣誉、惩罚、意见自由、安全、风险、私人所有、集体所有、真实。这一组组看似相互对立的概念应当最终构成"一种平衡"。由此,薇依起草出一份新的人类义务宣言纲要,进而构想了——我们仿佛看到了《社会契约论》或《理想国》的影子——人在社会中和谐共生的条件，甚至可以说设想了一种建立在精神性之上的文明形态。

薇依笔力质朴、峻切、稠密而强烈，闪烁着至纯至真的精神之光，译笔自是多有难逮，请读者谅解并指正。译者在翻译本书后两篇时曾与吴雅凌探讨一些翻译细节，在此一并向她致谢。

魏柯玲

目 录

词语的力量	1
个人与神圣	25
灵魂的需求	65

➻ 词语的力量

在我们生活的时代，对自然的某种技术上的统治为人类带来的相对安全，很大程度上被群体间冲突所引发毁灭与屠杀的危险抵消了。这危险之所以如此严重，部分原因大概是技术使我们掌握了毁灭性武器的威力；但武器并不会自行开火，欲把本该由我们承担全部责任的局势归咎于无生命的物质是不诚实的。最具威胁性的冲突都有一个共同特征，它表面上可以安抚浅薄的心智，实则是巨大的危险；这个特征便是，**这些冲突均无明确目标**。整个人类历史可以验证，那些无比狂热的冲突都是没有目标的。对于这一悖论的清晰觉察，也许可以成为一把进入历史的钥匙；而且无疑就是我们时代的钥匙。

当一场争斗的赌注很明确时，各方都可以全面估量其重要性及可能付出的代价，并决定值得为之付出何等的努力；甚至大体上不难达成妥协，这种妥协对于冲突双方而言比起赢得一场战役更加有利。但一场争斗若没有目标，便不再有共同的尺度与比例；不再有不同可能性之间的平衡与比较，甚至无法想象妥协。战役的重要性于是只能以其所要求的牺牲来衡量，并且，由于已有的牺牲不断召唤新的牺牲，不会有任何停止杀戮和死亡的理由，除非人类的忍耐力幸而有其极限。这一悖论如此尖锐以至于无从分析。每个所谓有教养之人都了解其最完美的例子；然而由于某种禁忌我们注定只是读过而不曾理解。

希腊人和特洛伊人曾经因为海伦而彼此杀戮达十年之久。他们之间的任何一方，除了那位业余战士帕里斯，都毫不在意海伦；所有人都但愿她从未降生。海伦这个人同这场巨大无伦的战争相比显然如此不成比例，以至于在所有人的眼中，她不过是真正的赌注的象征而已；真正的赌注则无人确定，也无从确定，因为它根本不存在。正因如此，它也无从估量。人们只是从已有的死亡和预料中更多的杀戮去想象其重要性；这暗示了一种无可估量的重要性。赫克托耳预感到他的城邦将被摧毁，他的父兄将遭到屠杀，他的妻子将沦为生不如死的奴隶；阿喀琉斯知道他将使父亲落入老无所依的悲惨与耻辱境地；众人都知道他们的家园将毁于如此漫长的远离；没有人认为这代价太高，因为所有人都在追逐一场虚无，其仅有的价值只能以不得不付出的代价来估量。对于那些提议各自回家的希腊人，密涅瓦和尤利西斯相信只要提及死去战友的痛苦便足以令他们羞愧无地。三千年之后，当普恩加莱[1]斥责议和的提议时，我们从他口中听到了与密涅瓦和尤利西斯一模一样的论调。如今，为了解释这导致累累废墟的阴暗狂热，大众想象有时诉诸所谓经济集团的阴谋，但无须到那么远的地方寻找答案。荷马时代的希腊人尚无有组织的青铜商，也没有铁匠行会。实际上，我们分配给神秘的经济寡头的角色在

---

1. 雷蒙·普恩加莱（Raymond Poincaré，1860—1934年），又译雷蒙·彭加勒，法国政治家，先后担任法兰西第三共和国总理、外交部部长（1912—1913年）及总统（1913—1920年），并于1922年至1924年、1926年至1929年再度担任总理。他积极推动法国加入第一次世界大战。——译者［本书注释均为译者注，后不另注］

荷马时代人们的心中是由希腊神话中的众神担当的。但要将人推向最荒谬的灾难,无需神灵或秘密咒语。人性足矣。

对于明眼人来说,没有什么比如今大多数冲突的非现实性更令人不安的征兆了。它们比希腊人和特洛伊人之间的冲突还要缺少现实性。在特洛伊战争的核心至少还有一个女人,而且是一个美丽绝伦的女人。对我们的同代人而言,扮演海伦角色的是大写的词语。如果我们捉住并尝试挤压一个如此这般膨胀着血泪的辞藻,我们会发现它空虚无物。拥有内容和意义的词语不会杀人。如果说这样的词有时也会卷入流血事件,那更多是出于意外而非必然,而且一般来说涉及的是有限和有效的行动。但一旦将大写字母用于空无意义的词语,只要情势略有所迫,人们就会一边重复着这些词语,一边造成血流成河,废墟累累,而永远无法真正获得任何与之相应的东西;没有任何真实的东西可以与之相应,因为它们毫无意义。于是成功的唯一定义就是消灭那些言称敌对词语的人群;因为这些词语的又一个特征便是,它们是以一对对反义词组的形式存在的。当然,这些词自身并非总是毫无意义;其中一些也许能够拥有意义，如果我们用心为其做出恰当定义的话。但这样定义的词就此失去了大写字母，不能再当作旗帜，也不能在空洞回荡的敌对口号中占据一席之地；它只能成为一个参照，用来把握一个具体的现实，具体的目标，或一种行动方式。厘清概念，拒斥原本空洞的词语，通过精确的分析为其他词语规定用途，这才是可能拯救人类生存的工作，无论这显得多么奇特。

我们的时代似乎颇不适于这样的工作。我们的文明在其光彩之下掩盖着一种真正的智识的衰落。我们并未像希腊人对希腊神话那样在心中为迷信保留任何位置，迷信的报复方式便是在抽象词汇的掩护下侵占了全部思想领域。我们的科学如同一座仓库，包含最精致的智力机制，可以解决最复杂的问题，但我们却几乎不会运用最基本的理性思维方法。我们似乎在所有领域都丧失了理智的基本观念，比如界限、分寸、程度、比例、关系、联系、条件、必要的关联，以及方法与结果之连接。仅就人类事务而言，我们的政治空间完全充斥着神话和怪物；我们在其中只认得一些绝对的抽象概念。所有政治和社会词汇均可作为例证。国家、安全、资本主义、共产主义、法西斯主义、秩序、权力、财产、民主，都可以逐个拿来。我们从来不会使用类似这样的说法：在……范围内才有民主，或者：就……而言才有资本主义。"在……范围内"这类表达方式超出了我们的智识能力。这里面的每个词似乎都表示一种独立于诸种条件的绝对现实，或一个独立于所有行动方式的绝对目标，又或者一种绝对的恶；而且我们依次或同时把无论什么意思都放进每个这样的词里。我们生活在变动的、多样的、由外在必然性之不断变化的运动所决定的现实当中，这现实会根据某些条件并在某些界限中发生改变；但我们却按照凝固的、孤立的、无法相互关联或与具体事物产生关联的抽象观念去行动、斗争、牺牲自我和他人。我们所谓的技术时代只懂得与风车作战。

因此我们只需环顾四周就能发现致命的荒谬事例。典型的例子就是国家间的对抗。人们常常认为可以这样解释，即国家间的对抗不过是掩盖着资本主义的对抗；但人们忘记了一个显而易见的事实，即资本主义遍布全球的错综复杂的角逐与联合之网，与各国在世界上的分布完全不符。利益可以使两个法国群体对立,并各自与一个德国群体联合。德国加工业可能受到法国机械企业的敌视;但对于洛林的铁是在法国还是在德国加工,矿业公司几乎无动于衷,而葡萄种植者、巴黎制造商和其他人则希望德国工业欣欣向荣。这些基本事实使得国家间竞争这种流行解释变得难以理解。如果说国家主义总是掩盖着资本主义的贪婪,那就该说明是谁的贪婪。煤炭业?大型冶金业?机械工程?电力?纺织?银行?不可能是这一切的全体,因为各自利益无法调和;如果是指资本主义的一部分,那么还需解释为什么是这一部分攫取了国家。确实,一个国家的政策在某一特定时刻总是符合某资本主义部门的利益;人们于是做出一个万能的解释,它恰因不充分而可应用于所有问题。鉴于资本的国际流通,我们也看不出为什么资本家会更愿意寻求本国而不是外国的保护,或者为什么他对外国政治家比对本国政治家更难以施加压力和吸引力。只有当国家在经济事务上行使权力时,世界经济结构才与世界政治结构相吻合;但同样,国家权力的行使无法通过单纯的经济利益得到解释。当我们检视"国家利益"这个词时,其中甚至找不到资本主义企业的利益。阿纳托尔·法朗士[1]说,"人相信自己为祖国而死;实则为工业家而死"。但这仍然过于美好。人甚至不是为工业家这样实质有形的存在而死。

国家利益既无法由一个国家的工业、商业或银行等大企业的共同利益规定,因为这样的共同利益并不存在,也不能由公民的生命、自由和福祉规定,因为公民总是被要求为国家利益牺牲自己的福祉、自由和生命。归根到底,如果我们考察现代史,我们就会得出这样的结论,即对于各个国家而言,国家利益便是发动战争的能力。1911年,法国险些为摩洛哥发动战争;但为什么摩洛哥如此重要呢?因为北非可以作为炮灰储备,还因为从战争的角度来看,一个国家需要拥有原材料和销路以尽可能地获得经济独立。一个国家所谓的关键经济利益并不是使其公民得以生存的东西,而是使其可以发动战争的东西;石油远比小麦更适于挑起国际冲突。由是,发动战争是为了保存或增强发动战争的手段。整个国际政治都围绕着这一恶性循环展开。所谓的国家威望在于,一个国家的行事方式总是使其他国家感

---

1. 阿纳托尔·法朗士(Anatole France,1844—1924年),法国作家、文学评论家、社会活动家。

到最终一定会被打败,因而气馁。所谓的国家安全是这样一种虚幻状态,即国家保留发动战争的可能性,同时剥夺其他所有国家的战争能力。总之,一个自尊的国家将准备好迎接一切,包括战争,而不是最终放弃战争。但为什么必须有战争能力呢?在这一点上,我们并不比不知道为什么要留住海伦的特洛伊人更明白。正因如此,爱好和平的政治家的良好意愿是如此无效。如果各国是出于真实的利益冲突而分裂,那么还有可能找到令人满意的妥协方案。但当经济和政治利益只是意在战争,如何以和平的方式调解呢?也许需要取消国家这一概念本身。或毋宁取消这个词的用法:因为国家这个词及其所属的表达都空无意义,其实质只是数百万计的尸骸、孤儿、残缺者、绝望、眼泪。

独裁与民主的对立类似于秩序与自由的对立,它至少是一种真实的对立。但如果像今天人们最经常做的那样,把其中每个词都视为一个抽象概念,而不是可借以衡量一种社会结构特征的参照,那么这一对立将失去意义。很明显,任何地方都没有绝对的独裁,也没有绝对的民主,社会组织无时无处不是独裁与民主的不同程度的混合；同样明显的是，民主的程度取决于社会机器上各个齿轮的关联，依赖于决定该机器运转的条件；因此必须就此关联和条件采取行动。与此相反，人们普遍认为有些群体、国家或党派本质上就代表独裁或民主，于是人们依照自己的脾性选择更倾向于秩序还是自由，执迷于粉碎这方或那方。比如，很多法国人怀着美好的愿望，认为法国对德国的军事胜利便意味着民主的胜利。在他们看来，自由存在于法国，专制存在于德国，大约相当于对莫里哀的同代人而言，催眠的效力存在于鸦片。如果有一天，所谓"国防"的必要性使法国成为一个固若金汤的军营，整个国家完全服从于军事统治，如果这样的法国与德国开战，这些法国人将怀着为民主抛洒热血的感人幻觉，在尽可能杀死更多的德国人之后被杀。他们没有想到，独裁在德国是借由一种特定的形势得以确立的；而为德国创造另一种形势，使国家权力有可能产生某种松懈，这也许比杀死柏林和汉堡的小伙子们更加有效。

再举一例，如果有人胆敢对一名党员提出西班牙停战的想法，这名党员若是右派，他就会愤怒地回答，为了秩序的胜利和粉碎无政府主义者，必须斗争到底；他若是左派，则将以同样的愤怒回答，为了人民的自由、劳动大众的福祉，为了粉碎压迫者和剥削者，必须斗争到底。第一位右派忘记了，无论何种政治体制，其所包含的混乱都远远不能与内战相比，后者带来的是系统性的毁灭、火线上的一系列屠杀、生产的放缓、因任何暴徒都可拥有枪支而在双方阵营日常犯下的成百上千起个体罪行。那位左派则忘记了，即使在他自己的阵营，内战的必然性、围困状态、前方与后方的军事化、警察恐怖、取消对一切任意性的限制及一切个人保障，这一切都会远比极右政党上台更为彻底地摧毁自由；他忘记了，战争的开销、破坏、生产减缓，将远比剥削者更残酷地使人民长久地陷入贫困状态。右派与左派双方都忘记了，绵延数月的内战逐步为双方阵营带来了一种几乎同样的体制。双方都在不知不觉中失去了理想，代之以一种虚无的抽象概念；对双方而言，他们仍然称为理想的胜利只有通过毁灭对方才能实现；如果有人对他们谈及和平，双方都将像荷马口中的密涅瓦或1917年的普恩加莱那样，以令人哑口无言的论调轻蔑地作答："死者不愿和平。"

今天人们用**阶级斗争**这个有待澄清的词汇所指称的，是所有人类冲突中最合理、最严正，也许可以说是唯一严正的冲突；但它只有在未混入想象的抽象概念时才是如此，因为抽象概念阻碍一切有方向的行动，使努力落空，并导致无法赎清的仇恨、疯狂的毁灭、荒谬的杀戮。当社会权力机制碾压底层人们的尊严时，服从者反抗统治者的永恒斗争才是正当的、至关重要的、实质性的。这斗争是永恒的，因为统治者总是有意无意倾向于践踏位居其下者的尊严。除特殊情况外，统治职能不会以尊重执行者个性的方式行使。如果行使统治职权时把人视为物，而且是毫无任何阻力之物，该职权就会不可避免地施加于极为柔韧之物；因为归根结底，死亡是一切权力的最高制裁，而屈服于死亡威胁的人会变得比惰性物质更易于任人摆布。只要存在稳定的社会等级，无论其形式如何，下层就应该展开斗争，以免失去一切人之权利。另一方面，上层的阻力，即使一般来说好像是正义的反面，也还是建立在具体的动机之上。首先是个人动机；除了颇为罕见的慷慨外，特权阶层并不愿丧失其物质或道德特权的一部分。被赋予统治职权的人感到自己的使命是保卫全部社会生活所必不可少的秩序，他们无法想象此外其他可能的秩序。他们并不全是错的，因为直到另一种秩序真正建立之前，人们都无法确定其可能性；这恰恰是为什么，只有当下层的压力大到足以真正改变权力关系，从而迫使新的社会关系在事实上建立起来时，才能带来社会进步。底层的压力遇到上层的阻力，于是不断引发不稳定的平衡，每时每刻决定着社会结构。这相遇是一种斗争，但不是一场战争；它在某些情形下可以转化为战争，但并无任何必然性。古代留给我们的不仅仅是围绕特洛伊展开的无休无止无用的屠杀的历史，还有强大而一致的行动史，罗马平民由此不流一滴血便摆脱了接近奴隶制的境地，并取得了护民官制度以保障其新的权利。以完全相同的方式，法国工人通过非暴力占领工厂使一些基本权利获得认可，并取得了选举代表制以保障这些权利。

然而，相对于现代法国，古罗马拥有一个重大优势。它在社会领域没有抽象的、概念性的、大写的词汇，也没有以"主义"结尾的词汇；没有任何东西像在我们国家那样，可能抵消最坚定的努力，或使社会斗争沦为国家间战争这种无论从任何角度看都如此具有毁灭性，如此血腥，如此荒谬的战争。我们可以拿来并打开我们政治词汇表里的几乎所有词汇和所有表达方式；其中心只有虚空。例如，在选举中如此流行的口号"反托拉斯斗争"到底是何意呢？托拉斯是金融势力手中的经济垄断，他们不是将之用于公众利益，而是以之增加其权力。其中有什么坏处呢？坏处在于垄断成为服务于无关公众福祉的权力意志的工具。但人们试图消除的不是这一事实，而是另一个本身与此无关的事实，即该权力意志是经济寡头的意志。人们提议用国家取代经济寡头，而国家亦有其权力意志，亦无关公众福祉；而且对国家而言不再是经济权力而是军事权力，因而对热爱生活的善良的人们来说危险得多。相应地，在认可私人垄断的资产阶级这边，该怎么理解对经济国家主义的敌意呢，既然私人垄断具有国家垄断的全部经济和技术缺点，以及也许还有其他缺点？我们可以列出一个长长的词汇表，上面满是这类两两一组且同样虚幻的口号。上面所举的词汇相对而言是无害的，但并非所有词汇都是如此。

那么，那些认为"资本主义"一词代表绝对之恶的人到底是怎么想的呢？我们生活的社会对大众而言包含着种种过于频繁的、难以承受的约束和压迫，以及非常痛苦的不平等和大量无用的折磨。另一方面，从经济角度而言，这个社会的特征是一些生产、消费、交换的方式，它们处在不断的变化中，并有赖于生产与商品流通、商品流通与货币、货币与生产、货币与消费之间的一些基本关系。人们将变化多样的全部经济现象任意凝固为一个无法定义的抽象概念，并以资本主义为名，将人们承受或见证的所有痛苦都与之联系起来。由此出发，任何有个性之人都会献身于摧毁资本主义，或者献身于革命，这是一码事；因为革命这个词在今天只有这纯粹否定的意义。

由于消灭资本主义毫无意义，因为资本主义是一个抽象概念，由于这消灭并不包含对制度的一定数量的具体修正——这些修正被轻蔑地视为"改革"——它便只意味着消灭资本家，以及更广泛而言，消灭所有不声明反对资本主义的人。表面上，杀人甚至死亡比起提出下面几个简单的问题更容易：支配着当今经济生活的法则和惯例是否构成一个体系？在什么范围内，这种或那种经济现象之间存在着必要的关联？这些经济法则中某一个的改变在什么程度上会对其他法则产生影响？在什么范围内，我们时代的社会关系所施加的苦痛取决于我们经济生活的某一惯例；在什么范围内取决于这些惯例的全体？在什么范围内这些惯例是源于其他因素，或是我们的经济组织改变之后持续残存的因素，或是相反，不必终结所谓的制度即可消除的因素？实现这样的转变所要运用的方法必定会带来怎样或长或短的新的苦难？建立新的社会组织可能带来哪些新的苦难？如果认真研究这些问题，我们也许能够对资本主义是邪恶的这种说法产生一些见解；但这只是相对的恶，而只有以代之以较小的恶为目的，才能提出转变社会体制的建议。而且这种转变应该是清晰界定和有限的。

所有这些批评完全适用于另一个阵营，只需以对维持秩序的关切取代对社会底层所受苦难的关切，以保守的欲求取代改变的欲求。资产阶级乐于将所有设想终结资本主义的人等同于混乱因素，甚至有时包括想要改革资本主义的人，因为他们不知道在怎样的范围内，以及根据怎样的情形，构成当今所谓资本主义诸种经济关系的全体可被视为秩序的条件。他们中的很多人不知道什么样的改变可能是危险的，因而更愿意保存一切，却没有意识到在不断变化的情况下，保守本身便是一种改变，其后果很可能是混乱。他们中的大多数虔诚地援引经济法则，仿佛它们是安提戈涅诉诸的不成文法，而这些法则每天都在他们眼前发生变化。在他们口中，保存资本主义体制是一个空洞的说法，因为他们不知道需要保存什么，在怎样的条件下，在怎样的范围内；这个说法实际上只是意味着消灭所有谈论终结体制的人。资本主义的反对者与保卫者之间的斗争，不知何以革新的革新者和不知何以维护的保守者之间的斗争，是盲人的盲目斗争，虚无中的斗争，恰恰因此，这斗争可能导向彼此消灭。对于在更狭窄框架内展开的工业企业的斗争，我们可以做出同样的评论。他不去想在任何其他财产所有制下，企业主是否会令他承受一部分同样的苦难，或者事实上是完全同样的苦难，甚或更强烈的苦难；他也不去想，通过消除其原因，无须触及当前的财产制度便可消除多少这些苦难。他将"反对雇主"的斗争混同于被过于艰辛的生活压垮的人不可遏制的反抗。雇主则理所当然地担心他的权威。只是，雇主权力的作用仅在于指示生产，尽可能协调部分工作，通过某种约束来控制工作的妥善执行；任何企业制度，无论是怎样的，只要这种协调和这种控制能够充分保证，就会给予雇主足够的权威。然而，对于雇主而言，他的权威感首先来源于某种与妥善完成工作并无必然联系的服从与尊敬的氛围；特别是，当他察觉到员工中存在隐含或公开的反抗时，他总是将其归咎于数个个体，而实际上无论是喧哗的还是沉默的、激烈的还是被绝望压抑的反抗，都与各种痛苦的物质或精神生活不可分割。对于工人来说，"反对雇主"的斗争混同于尊严的维护，而对于雇主，反对"带头者"的斗争则混同于他的工作责任和职业意识；在这两种情况下任何努力都指向虚无，因而无从将其局限于合理的范围内。我们看到，以明确的诉求为宗旨的罢工得到解决并不太难；我们也已看到，有些罢工类似于战争，因为双方都没有目标；在这些罢工中看不到任何真切的东西，除了生产停滞、机器退化、贫困、饥饿、妇女的眼泪、儿童的营养不良之外一无所有；双方的狂热都如此强烈，让人感到永无终止之日。在这种情况下，内战已然萌芽。

如果我们以此方式分析在整个人类历史上激起过这般牺牲精神和残暴心态的所有词汇或表达法，我们大概会发现它们都同样空洞。然而，所有这些贪噬人血的概念应该都与真实的生活存在某种关联。确实存在一种关联。特洛伊也许只有海伦的幻影，但希腊和特洛伊军队并非幻影；同样，如果说国家这个词及其所属表达都空洞无物，各国及其官僚、监狱、军火库、兵营、海关，则都是十分真实的。两个各自渴求极权的政治组织都渴求消灭另一方。一个民主政党可能慢慢演变为一个独裁政党，但它仍然有别于它致力于摧毁的那个独裁政党；法国为了防御德国也可能屈服于极权制度，但法国和德国仍然是两个截然不同的国家。毁灭和保存资本主义都只是无实质的口号，但在这些口号之后形成了一些组织。每一个空洞的抽象概念都对应着一个人类群体，当它并不对应某个群体时抽象概念是无害的。相反，没有滋生出一种抽象实体的群体可能并不危险。儒勒·罗曼[1]借克诺克之口精彩地表达了这种特别的滋生现象:"在病人的利益和医生的利益之上,还有医学的利益。"这就是一句喜剧里的俏皮话,只因医生行会中尚未产生这样的抽象概念;此类概念总是来自以拥有权力或瞄准权力为共同特征的组织。所有令历史如同一场漫长谵妄症的谬论,其根源都在于一种根本的荒诞性,即权力的本质。权力的必要性是切实可感的,因为秩序对于生存不可或缺;但权力的归属则是任意的,因为人都是相似的,或几乎如此;但这归属的任意性却不能表现出来,否则便不再有权力。因此威望(它是一种幻觉)是权力的本质之一。一切权力都建立在人类活动关系之上;但权力若想稳定,就必须显得好像是某种绝对的东西,秩序的条件本质上是矛盾的,人们看来可以有两种选择:或是伴随弱权力的无政府状态,或是因汲汲于威望而导致的各种战争。

此处列举的谬论翻译成权力话语则不再显得荒谬。这难道不是很自然吗?每个国家都通过发动战

---

[1] 儒勒·罗曼(Jules Romains, 1885—1972年),法国作家、诗人。代表作为27卷本长篇小说《善意的人们》和讽刺喜剧《克诺克医生或医学的胜利》。

争的能力来定义其国家利益，因为四周环伺的国家如果看到它虚弱便能以武力征服它。在跻身军备竞赛与时刻准备承受来自其他武装国家的任何攻击之间，看不到中间地带。只有彻底而全面的裁军才能消除这一困境，而这几乎是难以想象的。另一方面，一个国家一旦对他国示弱，便可能诱使听命于它的国家撼动其权威。假如普里阿摩斯（特洛伊王）和赫克托耳把海伦交还给希腊人，其风险是希腊人会更想去洗劫一座显然没有做好自卫准备的城市；还可能激起特洛伊的全面叛乱——不是因为归还海伦会激怒特洛伊人，而是因为这会让他们认为其所服从之人并没有那么强大。在西班牙，假如一方给人渴望和平的印象，那么这首先会使敌方受到鼓舞并增加其攻击性；其次有可能引发自己人的叛乱。同样地，在任何一个社会等级中，如果底层担心若不剥夺上级的权力便会被彻底碾压，那么当任何一方强大到无所畏惧时，他们就会沉迷于混杂着仇恨的强力。一般而言，一切权力本质上都是脆弱的；因此权力需要自我保护，否则在社会生活中如何能有最起码的稳定呢？但各方，无论是否有根据，几乎都相信攻击是唯一的防守策略。并且，很自然，想象的分歧会激起最无可调解的冲突，因为它们纯粹关乎权力和威望。也许对法国来说，把原材料让给德国比起割让几英亩所谓"殖民地"的土地更容易，对德国来说，不要原材料则比不要"殖民统治"这个头衔更容易。人类社会的本质矛盾是，整个社会局势都建立在力量的平衡上，一种类似于液体平衡的压力平衡；但威望则无法相互平衡，它没有界限，一切对威望的满足都会损害他人的威望或尊严。然而，威望离不开权力。这似乎是人类走不出的死胡同，除非奇迹发生。但人类生活便是奇迹造就的。谁会相信一座哥特大教堂能够笔直矗立，如果不是每天看到的话？既然事实上并不总是存在战争，那么不定期出现和平并非不可能。用全部真实的情况提出问题便很接近于解决问题。国际国内和平的问题还从未得到完整的表述。

正是这空洞概念的迷云让人不但看不清问题的具体情况，甚至无法感到有一个要解决的问题，而不是一种必须承担的宿命。这些概念麻痹精神；它们不仅造成死亡，而且更严重的是，它们使人忘记生命的价值。在政治和社会生活的所有领域驱逐这些概念,是公共健康的一项紧迫工作。这项驱逐工作并不容易;我们时代的整个智识氛围都有利于这些概念的兴盛滋长。我们可以设想,通过改革教育与科学普及的方法,通过消除其中依赖虚假词汇的粗俗迷信,通过回归诸如在……范围内,只要……,条件是……,关于……这类表达的智慧用法,通过拒斥所有那些相当于承认鸦片具有催眠功效的邪恶论调,我们是否可以为我们同时代人提供一流的实效服务。智识水平的普遍提高特别有利于消减导致冲突的想象原因的教育努力。我们当然不缺乏到处宣扬绥靖的人;但总的来说,这些宣传不是为了唤醒智识并消除虚假冲突,而是为了平息和扼杀真实的冲突。那些高呼国际和平的高谈阔论者把国际和平理解为无限期维持独有利于法国的状况,或者他们主张社会和平,其实是想保持特权的完整,或至少是使一切改变都服从特权者的意志,这些人是国际国内和平最危险的敌人。权力关系本质上是不断变化的,苦难的群体也总是会试图改变它们;我们不应当将其人为地稳定下来。我们应当做的是区分想象和现实,以便减少战争的风险而不放弃斗争,用赫拉克利特的话来说,斗争乃生命之条件。

✈ 个人与神圣

"我对你不感兴趣。"没有人能对别人说出这句话而不是在施暴并损害正义。

"我对你个人（person）不感兴趣。"这句话可以出现在密友的亲切交谈中，而不至于伤害友情中最为敏感多疑之处。

同样，我们可以这样说而不是在自我贬抑："我个人无关紧要"，而不是"我无关紧要"。

这证明，所谓"人格主义"（personalism）的现代思潮在用词上是错误的。在此领域内如果存在严重的用词错误，那么很难没有思想上的严重错误。

每个人身上都有某些神圣之处，但这并非他的个人。亦非人性（human personality）[1]。就是这个人；如此而已。

看街上走过一个路人，长手臂，蓝眼睛，脑中闪过我所不知但也许很平庸的想法。

对我来说，神圣的不是他的个人，也不是他身上的人性。而是他。完完整整的他（The whole of him）。

手臂，眼睛，思想，一切。触碰其中任何一项，我并非没有怀着无限的顾虑。

如果对我而言他身上的人性是神圣的，那么我大可以轻易地挖去他的眼睛。他变成盲人后仍可具有与以前完全一样的人性。我并未触及他身上的人性。我只是毁了他的眼睛。

对人性的尊重是无法定义的。不仅是无法用词语定义。许多极具启发性的观念都无法用词语定义。但尊重人性这一观念不仅无法定义，也无法设想；它无法经由思想的无声运作加以界定。

把一个无法被定义和设想的观念作为公共道德准则，无异于为各种专制打开了通道。

---

[1] 此处法语原文为la personne humaine，指相对于神的人的位格，即人之为人。

1789年传遍世界的权利观念，由于其内在不足，无力承担人们赋予它的职能。

谈论人权，即把人性和权利这两个先天不足的观念捏合在一起，并不能让我们走得更远。

如果我获准挖出这个人的眼睛并为此感到有趣，那么到底是什么阻止我这么做呢？

虽然他对我而言整个人都是神圣的，他却并非在任何条件下、在任何方面对我而言都是神圣的。他恰好有长手臂、蓝眼睛、或许平庸的思想，他对于我并非就此而神圣。假如他是公爵，也并非就他是公爵而神圣。假如他是拾荒者，也并非就他是拾荒者而神圣。阻止我的手加害于他的不是这一切中的任何东西。阻止我的手这么做的，是我知道，如果有人挖去他的眼睛，想到被施恶将撕裂他的灵魂。

每个人从幼年直到死亡，无论曾犯下、忍受或目睹过怎样的罪行，内心深处总有些什么让他不屈不挠地期待他人的善待而非施恶。首先正是这一点在所有人身上都是神圣的。

善是神圣的唯一源泉。只有善以及归属于善的事物，才是神圣的。

当人有所索求时，起作用的并非心中这深刻而童稚的、总是期待善的部分。小男孩眼红地盯着哥哥的蛋糕，看它是否比自己手里的更大一点，促使他这么做的是灵魂中肤浅得多的部分。正义这个词有两种截然不同的意义，关乎灵魂的这两个部分。只有第一个部分是重要的。

每当人类内心深处发出连基督本人都难以抑制的孩子般的哀告："为什么对我施恶？"这时就必然存在不义。因为如果像常常发生的那样，这只是一种误解导致的后果，那么不义就在于解释的不充分。

那些引发哭喊的施暴者因不同的性格和场合，由不同的动机促发。某些人在某些时候从这哭喊中获得快感。很多人置若罔闻。因为这是沉默的哭喊，只回响在隐秘的心灵深处。

这两种精神状态比表面上看起来更接近。第二种只是第一种的弱化模式。那种充耳不闻的状态被自得地保持着，因为它令人舒适，且自身包含着快感。除了物质的必然性和周围其他人的存在之外，我们的意志并无其他限制。任何能够在想象中扩展此限制的东西都令人愉快，因此一切让人忘记现实阻碍的东西都包含快感。这就是为什么人们如此沉迷于战争或内战之类的动荡，它们抽空了人类存在的现实性，使人如同傀儡。这也是为什么奴隶制使奴隶主如此愉悦。

对于那些遭受太多打击的人，比如奴隶，痛苦令其发出惊呼的那部分心灵仿佛死去了。但从未完全死去。它只是不再能呼喊。它陷于一种持续不断的沉闷哀吟。

但即使是完全有能力发出呼喊的人，也几乎无法用连贯的话语将其表达出来，无论对内心还是对外界。试图表达的话语常常完全词不达意。

尤其使之难以避免的是，最常感到受伤之人往往是最不善言辞之人。例如，一个结结巴巴的可怜虫在法庭上面对着一个言谈高雅、说话俏皮的法官，没有什么比这样的场景更可怕的了。

除理智外，因痛苦而呼喊的这部分心灵是唯一关乎公共表达自由的人类官能。但这部分心灵不懂表达，自由因而于之无足轻重。首先，公共教育要尽可能为之提供表达方式。其次，需要一种有利于表达公共意见的制度，这不取决于自由，而更多取决于一种沉默和关注的氛围，让这微弱笨拙的呼喊能被听到。最后需要建立一套机构体系，尽量使能够且愿意聆听和理解的人履行领导职能。

很明显，一个汲汲于夺取或维持政权的政党从这呼喊中听到的只是噪音。该政党将根据这呼喊是干扰还是有利于其宣传而以不同的方式加以回应。但这样的政党在任何情况下都做不到以一种温和而有预见性的关注去分辨其含义。

在较低的程度上，那些受到党派影响并模仿它的组织也是如此。换言之，当公共生活被党派运作操控时，一切组织均是如此，包括工会甚至教会。

当然，类似的党派和组织同样与智识上的审慎格格不入。

当言论自由实际上等同于这类组织的宣传自由时，人类灵魂中唯一值得表达的部分便失去了表达自由。或者这自由极其微弱，几乎无异于在极权体制之下。

然而，这便是党派运作决定权力分配的民主现状，也是我们法国人迄今为止所称的民主。因为我们不知道还有别样的民主。因此我们必须创造一些不同的东西。

将同样的标准和类似的方式施行于一切公共机构，可以导向同样明显的结论。

提供此标准的不是个人。因承受恶而从灵魂深处迸发的痛苦惊呼不是个人的。对个人及其欲望的损害不足以引发这呐喊。呐喊总是迸发于因痛苦而触及不义的感受。呐喊始终是一种非个人的抗议，无论是在末人还是在基督那里。

个人的抗议声也常常响起，但这并不重要；这类抗议声很容易触发，但毫不损害神圣。

神圣的远非个人，而是一个人身上非个人的东西。

人身上非个人的一切都是神圣的，唯此而已。

在我们的时代，作家和学者如此奇特地篡取了牧师的地位，公众以一种毫无理性的逢迎承认艺术与科学的能力是神圣的。人们普遍认为这是显而易见的，而事实远非如此。当人们认为应该给出一个理由时，他们声称发挥艺术与科学的能力是人性获得充分发展的最高形式之一。

很多时候，的确，仅此而已。在这种情况下，很容易看到其价值与可能的后果。

这导致我们时代一种如此普遍的生活态度，正如布莱克那句可怕的名言所云："宁可将婴儿扼杀于褴褛，也好过培养无行动的欲望"[1]，或导致无动机行为的态度。于是一种科学产生了，在那里任何可能的规范、标准和价值均获认可，唯真理除外。

格里高利圣咏、罗马式教堂、《伊利亚特》、几何学的发明，这一切都不曾使其传承者个人获得充分发展。

科学、艺术、文学、哲学只是一些个人获得充分发展的形式，其成就光辉耀眼，令人流芳千古。但与之隔着一道深渊而远远超拔其上的是另一重境界，在那里成就的方是第一流的功业。这些东西本质上是籍籍无名的。

进入此境界之人的姓名是被保存还是遗忘纯属偶然；即使名字保留下来，这些人仍然成了无名者。他们的个人消失了。

真理与美居于此非个人的无名之境。这才是神圣之境，另外的境界则无神圣性可言，除了一幅画里表示圣餐的一抹色彩尚可称为神圣。

科学的神圣在于真理。艺术的神圣在于美。真

---

[1] 威廉·布莱克（William Blake，1757—1827年），英国诗人、画家。主要诗集有《天真与经验之歌》《天堂与地狱的婚姻》等。此句出自《天堂与地狱的婚姻》中《地狱的箴言》一诗。

理和美都是非个人的。这一切显而易见。

如果一个孩子算错了一道加法题,这错误便留下了他个人的印记。如果他演算得完全正确,他的个人便消失于全部运算中。

完善是非个人的。我们的个人是我们身上错误和罪过的部分。神秘主义者的全部努力始终在于使灵魂不再有任何部分声称"我"。

但灵魂中声称"我们"的那部分无疑更危险。

要抵达非个人,只能通过一种仅在孤独中才可能的罕见的专注。不仅是事实的孤独,还是德行的孤独。这在自认为是集体的一员、是"我们"的一部分的人那里永远无法实现。

集体中的人无法抵达非个人,即便以低等的形式。一个群体甚至无法进行加法运算。进行加法运算时,精神要暂时忘却所有其他精神的存在。

个人与非个人相反,但从个人可以通向非个人。从集体则无法通向非个人。集体首先需要分解为独立的个人,才有可能进入非个人。

仅在此意义上,个人比集体更具神性。

集体不仅与神圣格格不入,还以对神圣的错误模仿使人误入歧途。

将神圣归于集体的错误在于偶像崇拜；这是所有时代、所有国度最为普遍的罪恶。只关心个人发展的人则完全丧失了神圣本身的意义。很难知道这两种错误哪一种是最糟的。它们常常以不同的比例结合在同一个心灵中。但第二种错误远没有第一种那么强大和持久。

从精神角度而言，1940年的德国与1940年的法国之间的斗争主要不是野蛮与文明的斗争，也不是恶与善的斗争，而是第一种错误与第二种错误的斗争。前者的胜利并不让人惊讶；它本来就是最强大的。

个人服从集体并不可耻；这只是机械秩序的一个事实，就像天平上从克到千克的秩序。实际上个人总是服从于集体，直至其所谓的个人发展。

例如，最倾向于将自己的作品视为其人格展现的艺术家和作家实际上恰恰最听命于公众的口味。雨果轻而易举地将自我崇拜和"响亮回声"的角色相调和。王尔德、纪德或超现实主义者等等就更明显了。同级别的学者也受到时尚的束缚，时尚对科学比对帽子的样式有更强大的作用。专家的集体意见几乎总是凌驾于每个专家之上。

事实上，且出于自然的本质，个人服从于集体，因而不存在与个人相关的自然权利。

人们有理由说古代没有尊重个人的观念。古代思想十分明晰，无法考虑如此混乱的观念。

只有超越个人以进入非个人状态，人才能逃脱集体。当他这么做时，他身上有些什么东西，他灵魂的一小部分，是任何集体都对之无能为力的。如果他能够扎根于非个人之善，以便能够从中汲取能量，他便可以在每当他认为必要时反抗一切集体性，而不必依赖于任何其他集体，这无疑是一种微弱却真实的力量。

有些情况下，一种几乎无限微渺的力量可以起到决定性的作用。一个集体远比单独的个人强大；但一切集体的存在都需要运算，加法是其中一个基本例子，它只能由孤独的心灵来完成。

集体的这一需要使得非个人有可能对集体有所掌控，只要我们学会研究如何利用这一点。

每个进入非个人领域的人都承担着对全人类的责任。这一责任不在于保护个人，而在于保护个人所蕴含的通向非个人的脆弱的可能性。

尊重人类神性的呼吁首先要向抵达非个人领域的人发出。因为要使这样的呼吁存在，就必须向能听懂的人发出。

构成集体的每个人身上都含有某些集体不可侵犯的东西，而向集体解释这一点是徒劳的。首先一个集体不是一个人，除非出于虚构；集体并不存在，除非是抽象的存在，与集体交谈是一种虚幻行为。其次，假如这集体是某个人的话，他也只会尊重自己。

更有甚者，最大的危险不是集体压制个人的倾向，而是个人奔向集体并湮没于其中的倾向。抑或第一种危险只是第二种危险的欺骗性表象。

对集体说个人是神圣的，是徒劳的；对个人说他自身是神圣的，也是徒劳的。他不会相信。他不认为自己是神圣的。阻止个人认为自己神圣的原因，是他事实上并不神圣。

如果有人领略到别的体验，在他们的个人中感受到某种神圣感，并相信可以将其普遍推广到所有人身上，那么他们便处于双重幻觉之中。

他们所感受到的不是真正的神圣感，而是集体炮制的虚假模仿。如果他们有时感受到自身个人之神圣，那是因为社会声望刚好聚集于其个人，因而个人是集体声望的一部分。

同样，他们错误地以为可以将自身的感受普遍化。尽管这错误的普遍化源于慷慨的动机，却不足以使他们眼中的无名大众真正不再是无名大众。但他们很难有机会意识到这一点，因为他们与大众没有接触。

在人那里，个人处于困苦之中，他感到寒冷，四处奔走寻找庇护和温暖。

在有些人那里，个人享受着热烈的社会声望，抑或仅仅期待着社会声望，他们对此困苦一无所知。

这就是为什么人格主义哲学不是在大众圈子里，而是在因其职业而拥有名誉或希望获得名誉的作家圈子里产生并传播。

要在集体和个人之间建立关联，唯一的宗旨是远离可能对灵魂中非个人部分的增长与隐秘萌芽造成阻碍的东西。

为此，每个人都必须拥有空间和一定程度上自由支配的时间，还有通向越来越高的关注力，以及孤独和静寂的可能性。同时个人还需要温暖，避免因困苦而被迫湮没于集体之中。

如果这就是善，那么现代社会，甚至现代民主社会，看来在恶的方向上走得最远。特别是现代工厂也许接近恐怖的极限。那里的每个工人都不断受到外界意志的骚扰和刺激，同时灵魂处于寒冷、痛苦和被遗弃的状态。人需要温暖的静寂，得到的却是冰冷的喧嚣。

体力劳动尽管辛苦，其本身却并非堕落。它不是艺术也不是科学；但其价值绝对等同于艺术和科学。因为它同样可以通向关注力的一种非个人形式。

挖去少年华托[1]的眼睛，让他去拉磨，比起把一个有干活天赋的小伙子安排在工厂流水线或按件计酬的机器旁，并不是更大的罪过。只是与画家的天赋相反，工人的天赋难以识别。

体力劳动，在与艺术和科学完全相同的程度上，尽管以不同的方式，触及宇宙之现实、真理、美，以及作为宇宙秩序的永恒智慧。

这就是为什么贬低劳动与践踏圣餐是完全同等的亵渎。

---

1. 让-安托万·华托（Jean-Antoine Watteau，1684—1721年），法国洛可可时代画家。

如果劳动者感受到这一点，如果他们感到，作为受害者，他们在某种意义上也是帮凶，他们的反抗便会来自另外的动力，完全不同于他们的个人和权利思想所能提供的动力。这将不是诉求，而是整个人的反抗，凶猛而绝望，就像被逼为娼的姑娘的反抗；同时它也是从内心深处迸发的希望的呐喊。

这感受就蕴含在他们身上，如此模糊不清，以至于他们自己也无法分辨。话语专家则无力为他们提供表述方式。

当人们对他们谈及自身命运时，通常选择谈论薪酬。他们被疲惫压垮，任何专注的努力都带来痛苦，因此思考数字的明确和清晰是一种安慰。

于是他们忘记了，那讨价还价的对象，他们抱怨被迫折价出卖、被拒绝合理价格的东西，并非他物，正是他们的灵魂。

设想魔鬼正在收买一个不幸者的灵魂，有人可怜这不幸者，插进来对魔鬼说："你出这价太无耻了；这件东西至少值两倍价钱。"

这场丑恶的闹剧就是由工人运动及其工会、党派、左派知识分子上演的。

这讨价还价的精神已隐含在1789年人们的权利

观念中，他们轻率地将此观念放置在他们想向全世界发出的呐喊的中心。这等于提前破坏了其效力。

权利观念与分有、交换、数量的观念相连。权利观念有些商业意味。其本身便令人想到审判与辩护。权利只能以诉求的语气获得支持；当权利采取这样的语气时，强力就在不远处为之背书，没有强力的权利是滑稽可笑的。

同一范畴内还有许多观念，其本身完全不是超自然的，但仍然略高于野蛮之力。这些观念，用柏拉图的话来说，都与集体野兽的行为相关，而它仍然保留着一些神恩的超自然规训的痕迹。如若这些观念不是持续不断地从此力量的更新中复苏，而只是其残余，它们便必然受制于野兽的反复无常。

权利、个人、民主的观念就属于这一范畴。贝尔纳诺斯[1]勇敢地指出，民主面对独裁者没有任何自卫能力。个人天生服从于集体，而权利天生依赖于力量。笼罩着这些真理的谎言与错误极其危险，因为它们使人难以求助于唯一逃离暴力以保护自我的

---

[1]. 乔治·贝尔纳诺斯（Georges Bernanos，1888—1948年），法国作家。

东西，即另外的力量，精神的光辉。沉重的物质只有在植物中，通过叶片捕捉的太阳能在树液中产生作用，才能抵抗重力。失去光照的植物将逐渐被重负与死亡无情地夺去生命。

18世纪唯物主义者抛出的自然权利就是一个这样的谎言。不是卢梭，他拥有明晰、强大、受到真正基督教精神启发的精神，而是狄德罗和百科全书派。

权利的观念来源于罗马，如同来自古罗马的其他一切，这启示录中遍体亵渎之名的女人，乃是不可受洗的异教徒。罗马人像希特勒一样，懂得强力只有披上某些思想的外衣才具有充分的效力，他们便让权利的观念派上了用场，这一观念也十分适用于此。人们谴责现代德国藐视权利观念；但德国在其无产阶级国家的诉求中将其用到了极致。的确，对于被征服者，德国所认可的唯一权利就是服从。古罗马亦然。

赞美古罗马为我们传下来权利的观念，这简直骇人听闻。因为当我们考察罗马时代的权利观念在其萌芽之初的意义以辨识其种类时，我们看到所有权被定义为使用和滥用的权利。而事实上，一切所有者有权使用和滥用的大多数对象就是人本身。

希腊人没有权利观念。他们没有表达此观念的词语。他们满足于正义之名。

出于一种奇特的混淆,人们将安提戈涅的不成文法等同于自然权利。在克瑞翁眼中,安提戈涅的所作所为没有丝毫自然之处。他认为她疯了。

说他做错的不该是我们,因为此时的我们正像他一样思想、言谈和行动。我们可以参照文本来验证这一点。

安提戈涅对克瑞翁说:"颁布这项法令的不是宙斯;以冥界众神为伴的正义也并未在人类当中规定此等法令。"克瑞翁试图让她相信他的命令是公正的;他指责她用礼葬一位兄长去辱没另一位兄长,因为这样一来,悖逆者和忠诚者、为毁灭祖国而死的人和为保卫祖国而死的人将获得同样的哀荣。

她说:"然而冥界要求平等的法令。"他凭常识反驳:"但勇士和叛徒不能享有平等的分配。"她只找到这样一个荒谬的答复:"谁知道在冥界这是否合法呢?"

克瑞翁的见解完全在理:"但仇人就算死了也永远成不了朋友。"而那个小傻瓜答道:"我生来不是为了分享仇恨，而是为了分享爱。"

克瑞翁的话于是越发合理："那就去那冥界吧，既然你必须爱，那就去爱那里的鬼魂吧。"

确实，那才是她的真正所在。因为这个小姑娘遵循的不成文法与任何权利和自然都毫无共同之处，那只是极端的、荒谬的爱，将基督送上十字架的爱。

以冥界众神为伴的正义规定了这过度的爱。任何权利都不会如此规定。权利与爱没有直接关系。

正如权利观念与希腊精神全不相干，它与基督教精神也全不相干，它是纯粹的，不掺杂罗马或希伯来或亚里士多德的遗产。我们无法想象阿西西的圣方济各谈论权利。

如果我们对能够理解的人说："你对我所做的不公正"，我们就能从源头震撼并唤醒关注与爱的精神。下面这些话语则不同："我有权利……"，"你没有权利……"；这些话包含潜在的战争并激起好战性。权利观念一旦被置于社会冲突的中心，任何一方都不可能产生丝毫慈爱之心。

当这个词几乎无所不在时，就不可能把目光集中到真正的问题上。如果在市场上一名买主毫无顾忌地迫使一个农民降价出售他的鸡蛋，农民很可以这样回答:"我有权利留着我的鸡蛋,如果出价不够好的话。"但被迫进入妓院的女孩则不会谈论她的权利。在这样的情形下,这个词会因为无力而显得很滑稽。

这就是为什么,与第二个场景类似的社会悲剧由于这个词的使用而错误地显得类似于第一个场景。

对这个词的使用使本该发自肺腑的呐喊变为诉求式的尖酸哭叫,既不纯粹也无实效。

权利的观念甚至正因其平庸而自然引出了个人的观念,因为权利关乎个人事务。它就处于这一层面。

把"个人"一词加诸"权利",意味着将个人权利加诸所谓的人的发展,这么做是犯下了更大的恶。被压迫者的呐喊沦为诉求的哀怨,且含着嫉妒的腔调。

因为个人只有在社会声望膨胀时才获得充分发展;个人的成功是一种社会特权。而当人们对大众谈论个人权利时,不会告诉他们这一点,而是告诉他们相反的意思。大众没有足够的分析能力靠自己清楚地认识这一点;但他们能够感觉到,日常经验使他们得以确信。

但这无法使他们拒绝这个口号。在我们这个蒙昧的时代,人们轻易地宣称所有人分有同等特权,分有本质上属于特权的东西。这诉求既荒诞又卑下。荒诞,因为特权的本义就是不平等;卑下,因为特权不值得渴求。

但表达这些诉求及其他一切的这班人拥有对语言的垄断,他们是特权者。说特权不值得渴求的不会是他们。他们不这么想。但主要是,他们若这么说会有失体面。

出于这类缘由,许多可以拯救人类的不可或缺的真理未曾说出;可以说出来的人无法表达,可以表达的人无法说出。对此病症的解药将是真正的政治的迫切问题之一。

在一个不稳定的社会,特权阶层居心不良。有的以挑衅的神态掩饰此居心,并对大众说:"你们没有特权而我有,这完全合理。"有的带着一副好心的样子对他们说:"我为你们大家要求享有与我平等的特权。"

第一种态度令人厌恶。第二种缺乏常识,也过于轻率。

这两种态度都刺激着人民在恶的路上狂奔，远离唯一真实的善，这善不在人民手中，但在某种意义上离人民如此之近。比起那些施与人民怜悯的人，人民距离真善要近得多，它是美、真理、欢乐和至臻的源泉。但由于人民并不在那里，亦不知如何抵达，一切就像是距它无限遥远。为人民说话和对人民说话的人同样都不能理解人民处在怎样的痛苦当中，也不能理解怎样的至善几乎就在人民触手可及之处。而人民则必须获得理解。

苦难自身难以言表。苦难者沉默地乞求人们为其提供自我表达的词语。有些时代这未曾实现。其他时候，有人为他们提供了词语，但都选择不当，因为选择词语之人对于其所诠释的苦难完全陌生。

这些人之所以远离苦难，最经常的原因是境遇使然。但即使他们在一生的某个时段接近苦难或置身其中，他们对它仍然是陌生的，因为一旦可能，他们就会立刻远离苦难。

思想厌恶思考苦难，正如活的肉体厌恶死亡。一头主动献祭的鹿一步步走向狼群的獠牙，这近乎让有能力免于苦难的心灵关注近在咫尺的真实苦难，两者的可能性都微乎其微。

于善不可或缺的，本质上都是不可能的，但在超自然的情况下总是可能的。

超自然的善不是对自然之善的一种补充，像人们借亚里士多德之口，为让我们感到最大程度的安慰而让我们相信的那样。若如此，确实令人愉快，但事实并非如此。在所有人类生存的沉重问题当中，只能在超自然的善与恶之间进行选择。

在苦难者口中置入一些中间价值的词语，例如民主、权利或个人，相当于送给他们一份没有任何好处，只会不可避免地造成许多痛苦的礼物。

这些观念在上天无处容身，它们悬浮在空中，也正因此而无法深入大地。

只有源源不断地来自天空的光线才能向一棵树提供能量，令其强有力的根须深深植入地下。树木是真正地植根于天空。

只有来自天上的才可能真正在大地上刻下印记。

要想把苦难者有效地武装起来，只有将原本居于天上乃至天外的另一个世界的词语置于他们口中。不必担心这是不可能的。苦难使灵魂准备好热切地接受和啜饮来自那里的一切。对于此种产品，缺少的是供给者而非消费者。

选择词语的标准很容易识别和使用。被恶吞没的苦难者向往着善。只能给予他们单单表达纯善的词语。这是很容易区分的。可以附加恶义的词语与纯善格格不入。当人们说"他把其个人置于首位"时，表达的是一种指责。因此个人与善无关。人们可以谈论对民主的滥用。因此民主与善无关。拥有权利意味着可能以好的或坏的方式运用它。因此权利与善无关。相反，完成一项义务是一种善，永恒而无处不在的善。真实、美、正义、同情是永恒而无处不在的善。

谈及不幸者的渴望时，为确保说出正确的话，只需约束自己仅仅使用那些在任何地方、任何情况下都总是表达善的语句。

这是我们可以用词语为他们做的两件事之一。另一件是找到表达其不幸之真相的词语。这些词语穿过外部环境，让人听到那总是在沉默中迸发的呐喊："为什么对我施恶?"

为此不该指望那些才子、大人物、名人，甚至不能指望常人理解的天才，这个词常常被混同于人才。只能指望第一流的天才，写《伊利亚特》的诗人、埃斯库罗斯、索福克勒斯、写《李尔王》的莎士比亚、写《费德尔》的拉辛。这样的人十分罕见。

但有许多资质愚钝或平庸之人,看上去不仅远逊于荷马、埃斯库罗斯、索福克勒斯、莎士比亚、拉辛,也比不上维吉尔、高乃依、雨果;然而他们居于后面这些人不得其门而入的非个人之善的王国。

一个实实在在的乡下傻子,真正热爱真实的傻子,虽然从来只会语无伦次,其思想却使他无限高于亚里士多德。亚里士多德从来不曾像他那样无限接近柏拉图。他是天才,亚里士多德只是人才。如果一名仙女建议他与亚里士多德的命运交换,他该毫不犹豫地拒绝才算明智。但他一无所知。没有人告诉他。所有人都告诉他相反的东西。要告诉他。要鼓励那些拥有天才的傻子、愚钝者、常人或略高于平庸的人。不必担心他们会骄傲。对真理的爱总是伴随着谦卑。真正的天才并非其他,只是思想领域中谦卑的超自然美德。

不要像1789年的人所鼓吹的那样鼓励人才的繁荣,而应以温情的敬意珍惜和温暖天才的成长;因为只有真正纯粹的英雄、圣人和天才能够救助不幸者。在这两者之间,人才、聪明人、活跃者、有性格的人及个性强大者形成了屏障,阻碍对不幸者的救助。丝毫不要损坏这屏障,要尽可能不为察觉地将之轻轻放到一边。要清除我们的机构和习俗中带有无论哪种党派形式的部分,以打碎危险得多的集体屏障。无论大人物还是党派都永远不会倾听真实或不幸的声音。

真实与不幸之间存在天然的联合,因为两者都是无声的祈求者,在我们面前注定永远喑哑无语。

好比一个因为拿了田里一根胡萝卜而被起诉的流浪汉,他张口结舌地站在法官面前,后者则舒舒服服地坐着,优雅地吐出一连串问题、评论和俏皮话;真实便是如此,站在忙于优雅地搬弄各种见解的聪明人面前。

即使表面上沉默不语之人,语言也总是在表达意见。人称智力的自然能力与意见和语言有关。语言表述关系;但只表述少量的关系,因为它在时间中展开。如果语言含混模糊、粗疏无序,如果发出或聆听语言的精神难以使思想保持专注,语言便不具备或几乎不具备任何表达关系的真正内容。如果语言完全清晰明确、严谨有序;如果它指向的精神能够在孕育出一个思想后使之保持在场并同时孕育另一个思想,接着保持这两个思想在场并同时孕育第三个,依此类推;在这种情况下,语言可以包含相对丰富的关系。但与一切丰富性一样,这种关系的丰富比起唯一值得追求的完善来说仍然是可怕的贫困。

即使在最好的情况下,封闭在语言里的精神仍然被囚禁。这囚牢的界限即词语能够同时对精神呈现的关系的数量。而精神对包含更多关系组合的思想一无所知;这些思想在语言之外,难以表述,尽管它们十分严谨清晰,尽管组成它们的每种关系都可以用十分精确的词语表达。由是,精神在局部真理的或大或小的封闭空间里活动,但永远不能朝外界哪怕是瞥上一眼。

如果被囚的精神不知自身被囚禁,它便生活在错误中。如果它认清这一点,哪怕只是一瞬,随后便急于遗忘以免痛苦,它就处于谎言当中。出类拔萃的聪明人也可能从生到死都处在错误和谎言中。在这些人身上,智力不是善,甚至不是优势。智力的差别之于人就像监牢大小的差别之于被判终身监禁的犯人。聪明并自诩聪明的人就像一个以宽敞的监牢为傲的犯人。

感觉到被囚禁的精神意欲对自己隐瞒这件事。但他若憎恶谎言便不会这么做。于是他必将吃尽苦头。他将以头撞墙直至昏厥；他将醒过来，恐惧地看着墙，随后有一天重新开始，再次昏厥；如此这般，无穷无尽，毫无希望。有一天他将在墙的另一边醒来。

也许他仍然被囚禁，只是在一个更宽敞的监牢。那有什么关系？此后他便有了钥匙，有了推倒所有墙的秘诀。他超越了所谓的智力，抵达智慧开始之处。

封闭在语言里的一切精神都只能产生意见。思想因诸多关系勾连其中而难以表达，却比最确切的语言所能表达的都更加严谨明晰，而所有能够把握这些思想的精神，只要做到这一点就已居于真实之中。毫无阴霾的确信和信念就属于这精神。起初它拥有的智力或高或低，它所处的监牢或大或小，这都不重要。唯一重要的是，在抵达自身无论高低的智力的顶点之后，精神已超越智力。乡下的傻子与神童同样接近真实。两者与真实之间都只有一墙之隔。不曾穿过自身的毁灭，不曾长久居于一种极端而彻底的屈辱状态,就无法进入真实。

这同样的障碍阻止我们对不幸的认知。正如真实不同于意见,不幸也不同于痛苦。不幸是搅碎灵魂的机制;被不幸吞噬的人就像被卷入机器齿轮的工人,只剩下被撕碎的模糊血肉。

在严格意义上构成不幸的苦难,其程度和性质因人而异。这特别取决于最初所拥有的生命活力和面对苦难所采取的态度。

人的思想无力承认不幸的现实。如果有人承认不幸的现实,他一定会对自己说:"我无法掌控的境遇可以在任何时候夺走我的一切,包括所有那些于我如此密切,以至于我视为自身的东西。在我身上没有任何不会失去的东西。偶然性可以在任何时刻摧毁我之所是,代之以任何龌龊可鄙之物。"

用全部灵魂思想这一切,这意味着体验虚无。这是极致彻底的屈辱状态,也是通向真实的条件。这是一种灵魂的死亡。这就是为什么赤裸裸的不幸景象使灵魂退缩,就如同临近死亡使肉体退缩。

人们怀着虔诚想到死者,当人们仅仅在心里追念,或去坟前拜谒,或看到死者被体面地安置在床上的时候。但当人们看到那些如同抛掷在战场上的尸体，看起来阴森怪诞，就会感到恐怖。死亡赤裸裸、一丝不挂地出现，肉体便战栗起来。

当物质或道德的距离让人仅以模糊含混的方式看到不幸，以至于将其与单纯的苦难混同时，慷慨的灵魂便会生出温柔的怜悯。但当某种境遇使得不幸突然在某处赤裸裸地显现，如同毁灭性的东西，如同灵魂的残损或恶疾，人们便会战栗退缩。不幸者本人面对自身体验到同样恐怖的战栗。

倾听某人，即在他说话时设身处地体会他。设身处地体会一个已经或即将被不幸残害灵魂的人，就相当于毁灭自己的灵魂。这比一个生活幸福的孩子去自杀还要困难。因此不幸者是不被听到的。他们所处的状态就如同一个人被割掉了舌头，有时却忘记了这残缺。他们抖动嘴唇，却发不出任何声音击打耳鼓。他们自己也因为确知不会被听到而很快失去了使用语言的能力。

这就是为什么站在法官面前的流浪汉毫无指望。如果从他含混不清的口中发出穿透灵魂的撕裂声，法官和听众都听不到。这是无言的呐喊。他们中的不幸者几乎总是这样彼此充耳不闻。每个不幸者都被普遍的冷漠所束缚，试图通过谎言或无意识做到对自己充耳不闻。

只有神恩的超自然作用才能让灵魂穿过自身的毁灭,直至专注力凝聚之处,唯有这专注力才能让人关注真实与不幸。对于两者是同样的专注。这是一种强烈、纯粹、无私、无偿、慷慨的专注。这专注便是爱。

不幸和真实需要同样的专注才能被听到,正义和真实的精神因而是一体的。正义和真实的精神无非是一种专注,这是纯粹的爱。

通过神意的永恒安排,当正义与真实的精神支配着一个人时,他在所有领域创造的一切都笼罩着美的光芒。

美是此世至高的奥秘。美是恳请关注的光芒,但并不提供使之持续的动力。美总是承诺,从不给予;美唤起饥渴,但它自身没有食粮去满足试图在此世寻求餍足的那部分灵魂;它全部的食粮只能满足注视着的那部分灵魂。美激起欲求,又让人清晰地感到在美中无所欲求,因为人们首先要求它没有任何变化。如果不去试图摆脱美带来的甜蜜折磨,欲求便渐渐转化为爱,萌生无偿纯粹的专注力。

不幸有多丑恶,对不幸的真实表达就有多么至高无上的美。近世就有这样的例子,如《费德尔》、《太太学堂》、《李尔王》、维庸的诗,好一些的例子是埃斯库罗斯和索福克勒斯的悲剧;更好的例子是《伊利亚特》、《约伯记》、一些民间诗歌;福音书里的受难故事则是典范。美的光芒通过正义与爱的精神之光散播在不幸之上,只有这精神之光能让人类思想注视并再现真实的不幸。

同样,每当一个难以表达的真实的碎片闪现在词语中时,词语虽然无法容纳启迪自身的真实,但可通过排列组织而与之完美对应,使所有渴望真实的精神都能从中获得慰藉,每当此时,美的光芒便照亮了词语。

源于纯粹之爱的一切都焕发着美的光芒。

在一切人类思想最初被囚禁的监牢内,美是可感的,尽管模糊不清且掺入了许多虚假的模仿。被割掉舌头的真实和正义除了美之外无法指望任何其他援助。美也没有语言;它不说话;它什么也不说。但它有用来呼唤的声音。它呼唤并展示无声的正义和真实。就像一只狗吠叫着把人领到躺在雪地里毫无生气的主人身边。

正义、真实和美是姊妹和联盟。有三个这么美的词语，无须再找寻任何其他。

正义在于确保不对人造成伤害。当一个人在内心呐喊"为什么对我施恶"时，他已是受到了伤害。当他试图理解他遭受了何种伤害，是谁以及为什么给他带来伤害时，他常常弄错。但那呐喊是不会错的。

常常听到另一种呐喊："为什么别人比我拥有更多？"这与法律有关。要学会区分两种呐喊，并尽量以最不粗暴的方式，借助法典、普通法庭和警察，让第二种呐喊安静下来。要培养能够解决该领域问题的心智，法学院足矣。

但"为什么对我施恶"的呐喊提出的是另外的问题，对此必须具有真实、正义与爱的精神。

从整个人类灵魂深处不断涌出不被施恶的请求。天主经向神提出了这一请求。但神只能保护与他直接真实接触的灵魂的永恒部分不受伤害。灵魂的其他部分，以及未蒙神恩、未与神发生直接真实接触的人的全部灵魂，都被弃置于人的意志和境遇的偶然。

因此要由人来确保不对人施恶。

被施恶的人，恶真正进入了他；不仅仅是痛苦和苦难，而是恶的恐怖本身。正如人能够相互传递善，他们也能相互传递恶。人们可以通过奉承他人、向他人提供舒适和享乐而传递恶；但最经常的是通过伤害他人而传递恶。

然而，永恒的智慧不会把人类灵魂完全抛给事件的偶然性和人的意志。从外部加害于人，致其受伤，这会加剧他对善的渴望，由此自动激发治愈的可能性。当创伤很深时，人所渴望的善是完全纯粹的善。追问"为什么伤害我？"的灵魂部分，是所有人灵魂最深刻的部分，即使是最恶劣之人，这一部分从孩提时起就一直完好无损、纯真无邪。

维护正义，保护人们免受一切伤害，这首先意味着防止造成伤害。对于受害者，这意味着消除物质后果，如果伤口不是太深的话，让他们处于舒适的环境以自然痊愈。但对于整个灵魂都被伤口撕裂的人，则首先需要额外地缓解饥渴，让他们啜饮至纯之善。

为满足饥渴，可能必须施以伤害以激起饥渴。惩罚之义便在于此。对于离善日远，以致试图四处传播恶的人，只能通过施加伤害才能使其再次融入善。须对他们施以伤害，直至唤醒他们内心深处完全无辜的声音，这声音惊讶地问："为什么伤害我?"罪人灵魂中这无辜的部分必须接受滋养并成长，直至它自身成为灵魂内部的法庭，自行审判过去的罪行并判决，随后借助神恩获得宽恕。那时惩罚的行动便完成了；有罪者重新融入善，且应公开庄严地重新融入城邦。

惩罚并非其他，就是如此。即便是死刑，虽然在字面上没有了重新融入城邦的可能，也不应意味着别的什么。惩罚只是一道程序，用以向不渴求纯善的人提供纯善；惩罚的艺术即通过痛苦乃至死亡唤醒罪人渴求纯善的艺术。

但我们已完全失去了惩罚的观念。我们不再知道惩罚旨在给予善。对我们来说，惩罚止步于加害。这就是为什么现代社会只有一样比犯罪更加丑恶的东西，那就是压制性正义。

将压制性正义作为战争和反抗的核心动力，比任何人所能想象的都要危险。有必要利用恐惧去减少懦夫的犯罪行为；但是，将我们今天在无知中设想的压制性正义作为英勇的动力，这很可怕。

如今每当有人谈论惩罚、惩戒、报应和惩罚性正义时，他所指的不过是最卑劣的报复而已。

这苦难与残酷死亡的财富，基督自行承担了，并如此经常地施与他所爱之人，我们却如此不以为意，将其抛掷给我们眼中最卑劣之人，同时知道他们完全不会加以运用，而且我们无意帮他们找到其用途。

对罪犯处以真正的惩罚；对于被不幸深深啃噬灵魂的不幸者，给予能将其引至超自然源泉以解除其饥渴的援助；对所有其他人，给予一些福祉、很多的美，并保护他们免受伤害；到处严格限制谎言、宣传和意见的喧嚣；建立起让真理能够萌芽并成熟的静默；须将这一切提供给人们。

为确保向人们提供这一切，只能依赖超越某种界限的人。人们会说这样的人太罕见了。他们很可能十分稀少，但仍然无以计数；大多数这样的人隐匿不见。上天遣送到人间的只有数量难以察觉的纯善，或存于每个灵魂，或存于社会。"芥籽是所有种子中最微小的。"珀耳塞福涅只吃了一粒石榴籽[1]。深藏于田野的珍珠是看不见的。混入面团的酵母也很难被注意到[2]。

但酵母的作用正如化学反应中的催化剂或细菌，在人类事务中，难以察觉的纯善的种子仅因其存在便产生决定性的作用，当它被放在适宜的地方时。

如何将其放在适宜的地方？

如果在那些有责任向公众指出什么值得赞美、欣赏、希望、寻找、追求的人当中，至少有几个人下定决心毫无例外地鄙视一切非纯善、非完美、非真实、非正义及非爱之事，那么就可以实现很多成就。

如果今天大多数掌握些许精神权威的人感到有义务永远只为人民的渴望推举真实至纯之善，那么

---

1. 珀耳塞福涅（Persephone），希腊神话中主神宙斯和农业之神德墨忒尔的女儿，被冥王哈得斯劫持而成为冥后。哈得斯为了留下珀耳塞福涅，说服她吃了冥界的四颗石榴籽，因此珀耳塞福涅每年有四个月的时间重返冥界，其他时间陪伴母亲。
2. 这里引用了《马太福音》第13章中耶稣关于天国的比喻："天国一粒芥菜种，有人拿去种在田里。这原是百种里最小的，等到长起来，却比各样的菜都大，且成了树，天上的飞鸟来宿在它的枝上。""天国好像面酵，有妇人拿来，藏在三斗面里，直等全团都发起来。"

就可以实现更多的成就。

我们谈到词语的力量时,其实始终指的是幻觉和错误的力量。但是,通过神意的安排,有些词语如果使用得当,自身便具有启迪与向善的效力。这些词语对应着对我们来说难以捉摸的绝对完善。启迪与向善的效力就存于这些词自身,如其所是的词,而不在任何观念当中。因为使用得当首先意味着不使其对应于任何观念。它们所表达的是无法用观念把握的。

*神*与*真*就是这样的词。*正义*、*爱*、*善*亦然。

使用这样的词是很危险的。使用它们是一种考验。为正当地使用它们,必须不将之封闭于任何人的观念,同时采取完全直接受其启迪的设想与行动。否则它们将很快被所有人认定为谎言。

与这些词相伴并不令人舒适。诸如*权利*、*民主*和*个人*这样的词则更加方便。就此而言,后者自然更受那些哪怕是怀着善意担任公职之人的青睐。公共职责别无其他意义,除了造福于人的可能性外,怀着良好意愿担任公职之人想要把善传播于他们的同代人;但他们通常犯下的错误是相信自己首先能花个好价钱买下善。

中间地带的词语，如权利、民主、个人，均适用于其所属的范畴，即中间机构。但所有的机构都不过投映着使其发源的启示，这启示呼唤另一种语言。

个人从属于集体，这是很自然的，就像天平上的克低于千克。但在天平上千克也可以低于克，只需天平的一臂比另一臂长一千倍。平衡定律绝对高于重量的不等。但是较低的重量永远不会超过较高的重量，除非两者之间的关系受到平衡定律的调节。

同样，个人无法保护自己免受集体的侵害，民主也无法获得保障，除非公共生活中凝聚着非个人的、无关任何政治形式的更高的善。

"位格"这个词确实常常用于神。在一段经文中，基督将神本人作为自我完善的榜样展现给世人，他不但给出了一个位格的形象，还特别给出了一个不具位格范畴的形象："成为你们天父的儿子，因为他叫日头照好人也照歹人，降雨给义人也给不义之人。"

这一神圣而不具位格的宇宙秩序在世人中间以正义、真实、美为形象。对于接受有死性的人类，任何低于这些的都不配作为启示。

在旨在保护权利、个人、民主自由的制度之上，须发明其他制度以辨认和消除当代生活中在不义、谎言和丑陋之下摧毁灵魂的一切。

必须创造这些制度，因为它们尚不为人知，而且无疑不可或缺。

✈ 灵魂的需求

义务的观念优先于权利的观念,权利从属于义务并与之相关。一项权利本身无效,仅因其相对应的义务而生效;一项权利的履行者不是拥有这项权利的人,而是承认对之负有义务的人。义务一经认可即生效。一项义务即使无人认可,也不会失去其存在的完整性。权利若无人认可则无足轻重。

说人一方面拥有权利,一方面负有义务,这毫无意义。这些词表达的只是不同的视角。它们之间是主客体的关系。一个人,就其自身而言,只有义务,包括某些对自身的义务。从这个人的角度来看,其他人只有权利。而从承认对他负有义务的其他人的角度来看,他便有了权利。宇宙中孤独存在的一个人没有任何权利，但他仍负有义务。

权利观念属于客观范畴，与存在和现实的观念密不可分。当义务下降到事实领域时，权利便出现了；权利因而在某种范围内总是包含着对事实状况与特定情况的考量。权利看起来总是与某些条件相关。只有义务可以是无条件的。义务处于超越所有条件的领域，因为该领域超越此世。

1789年的人们无力辨认这超越领域的真实性。他们只认可人类事务的真实性。这就是为什么他们以权利观念开始。但与此同时，他们想提出绝对的原则。这一矛盾使他们陷入一种语言和思想的混乱，这在很大程度上导致当前政治和社会的混乱。与事实条件的领域不同，永恒、普遍、无条件的领域包含着一些不同的观念，与人类灵魂最为隐秘的部分相连。

义务只约束个人。集体是没有义务的。但是，组成、服务、领导或代表集体的每个人都负有义务，无论在其生活与集体相关的部分还是独立于集体的部分。

同样的义务约束着所有人，尽管这些义务根据情况对应着不同的行为。任何人，无论是谁，在任何情况下，都不能逃脱义务而无罪；除非是这样的情形，即两项真实的义务在事实上不相容，那么一个人就不得不舍弃其中一项。这种情形的数量可以用来衡量一种社会秩序的不完善性。

但即使在上述不得不舍弃一项权利的情形下，如果这项权利不仅在事实上被舍弃，而且被否认，那么这也构成了犯罪。

在人类事务领域，义务的对象总是人自身。有一种义务是对每一个人而言的，只因人之为人，不必附带任何其他条件，即使他不承认任何义务。

这义务不基于任何事实境况，也不基于法理、习俗、社会结构、权力关系、历史遗产、历史的假定方向。因为任何事实境况都不能产生义务。

这义务不基于任何约定。因为所有约定都可根据缔约方的意愿进行修订，而就此义务而言，任何人意愿的变化都不能改变分毫。

这义务是永恒的。它对应着人之永恒命运。只有人才有永恒的命运。集体是没有的。因此对集体没有任何直接义务是永恒的。唯一永恒的是对人自身的义务。

这义务是无条件的。如果它是基于什么，那么这根基不属于我们的世界。在我们的世界，它不基于任何东西。这是唯一与人类事务相关而不受任何条件制约的义务。

这义务并无根基，但在普世意识的认同中得到确认。一些流传至今的最古老文本对其进行了表述。它在每个特定情况下都获得了所有人的认可，只要它未受到利益或激情的侵犯。人们相对于该义务来衡量进步。

对此义务的认可是以所谓"积极权利"这种含混而不完善的方式表述的，但根据情况不同，不完善程度亦有所不同。在且仅在积极权利与此义务相悖的情况下，这些权利才不再是正当的。

尽管这永恒义务回应着人的永恒命运，其直接目的却不是这命运。人的永恒命运不能成为任何义务的目的，因为它不从属于外在行为。

一个人拥有永恒命运这一事实只规定了唯一的义务，即尊重。只有以一种真实而非虚幻的方式实际表达尊重，义务才能履行，这只有通过人的现世需求方能实现。

在这一点上人类的良知从未改变。数千年前，埃及人认为，灵魂若不能说："我没有听任任何人死于饥饿"，那么人死后灵魂便无法获得赦免。每个基督徒都知道自己要直面基督亲口对他们说："我曾忍饥挨饿，而你没有给我吃的。"所有人都将进步首先视为向一种不会挨饿的社会状态的过渡。如果泛泛地向任何人提出这个问题，没有人会认为这样一个人是无辜的，如果他食物充足，而门口有个人几乎饿死，他却不管不顾地走过。

因此，当有机会施以援手时不任人饿死，这是对人的一项永恒义务。这一义务最为显而易见，应以之为范例制定出一份对所有人的永恒义务的清单。为严格起见，这个清单应该从这第一个例子着手，以类比的方式列出。

由是，人类义务的清单须对应于类似饥饿这样的人类生存需求的清单。

在这些需求中，有些是生理方面的，例如饥饿本身。这很容易列举。包括保护免受暴力伤害、居住、衣物、取暖、卫生、生病时获得照顾。其他一些需求则与生理无关，而与道德生活有关。但与第一类需求一样，它们也是现世的，我们的理智并不能建立起其与人类永恒命运的直接关系。就像生理需求，它们也是此世生命之必需。换言之，它们若得不到满足,人便将渐渐陷入一种或多或少接近死亡,或接近纯植物的生命状态。

这些需求比起生理需求来说更难以识别和列举。征服者能够向屈服的人民所施加的全部暴行、屠杀、残害、有组织的饥荒、奴役或大规模流放,都被普遍认为是同一类举措,尽管自由或故乡并非肉体之必需。所有人都知道,有些暴行不伤害人的身体而伤害其生命。这些行为剥夺了灵魂生命所必需的养分。

与人类事务有关的义务,无论是无条件的或相对的,永恒的或变化的,直接的或间接的,都无一例外来自人类赖以为生的需求。所有与某个特定的人不直接相关的义务,其对象都是对人而言类似于食物的需求。

我们尊重一片麦田,不是为其自身,而是因为它是人类的食粮。

与此类似,我们尊重一个集体,无论是什么集体——祖国、家庭,或所有其他——不是为其自身,而是因为它如同一些人的灵魂食粮。

这项义务在事实上根据不同的情况导致不同的态度和行为。但就其自身而言,它对所有人都是绝对相同的。特别是，它对于集体之外的人是绝对相同的。

应当高度尊重人类集体，这是出于几个考虑。

首先，每个人都是独一无二的，一旦被毁灭则无法代替。一袋小麦总能被另一袋小麦取代。一个集体向其成员之灵魂提供的食粮在整个宇宙中都没有等价物。

其次，由于其持续性，集体已迈进未来。集体所包含的食粮不仅供给生者的灵魂，也供给将在后世降生之人的灵魂。

最后，由于同样的持续性，集体植根于过去。集体是保存死者所积累的精神财富的唯一官能，也是死者与生者交流的唯一传达官能。与人之永恒命运直接相连的唯一现世之物，便是那些能完全意识到这永恒命运的人所散发的光芒，代代相传。

因为这一切，对处于危险中的集体的义务有时会直至完全的奉献。但这并不意味着集体高于个人。帮助一个困境中人的义务有时也会直至完全的奉献，但这并不意味着被救助之人有任何优越性。

一个农民，在某些境地中，为了耕种他的农田，可能不得不面对疲乏、疾病甚至死亡。但他始终明白,这仅仅关乎面包。

同样,即使在完全奉献的时刻,对任何集体都永远不应有任何其他义务,除了类似对食物的尊重。

角色互换的情况时有发生。某些集体不是提供食粮,而是完全相反,吞噬灵魂。在这种情况下社会出现了病症,首要义务便是尝试治疗;在某些情形下可能有必要借鉴外科手术方法。

在这一点上,义务对于集体之内和之外的人仍然是相同的。

有时一个集体向其成员之灵魂提供的食粮不够充足。在这种情况下需要改进。

最后,有些死去的集体,不吞噬灵魂,但也不提供滋养。如果完全确定它们已死,而不是暂时的昏睡,并且只有在这种情况下,才需要消除之。

首先需要研究什么是之于灵魂生活的需求,正如食物、睡眠和取暖的需求之于肉体生命。要尝试列举并定义这些需求。

永远不要将其与欲望、任性、异想、恶习混为一谈。还要分清本质与偶然。人需要的不是米或土豆,而是食粮;不是木柴或煤炭,而是取暖。同样,对于灵魂的需求,要能够识别对同样需求的各种不同但等价的满足。还要分辨灵魂的食粮与毒药,后者有时会让人产生取代食粮的幻觉。

由于缺乏这样的研究,政府就算抱有良好意图也不得不随机行事。

以下我们给出一些提示。

秩 序

灵魂的第一个需求,最接近其永恒命运的需求,是秩序,即这样一种社会关系架构,其中没有人不得不为履行一些义务而违反其他的严格义务。仅在这种情况下,灵魂才会遭受外界环境的精神暴力。因为仅因死亡或苦难的威胁而中断履行义务的人可以克服这一切,只是在肉体上受伤。但是,如果环境致使若干严格义务所驱使的行为在事实上互不相容,而他无力阻止,他对善的热爱就会受到伤害。

如今,各种义务之间存在高度的混乱和不相容。

无论是谁,当他的行事方式增加了这不相容性时,他便是混乱制造者。当他减少不相容性时,则是秩序维护者。当他为了简化问题而否认某些义务时,他便在心中与罪恶立约。

可惜我们没有办法减少这不相容性。我们甚至无法确定,诸义务均可相容的秩序是不是一个虚幻的想法。当义务落到事实层面,如此众多的独立关系产生作用,以致不相容看起来远比相容更有可能。

但我们眼前就有一个范例,宇宙,其中无穷无尽的独立力学运动在共同作用下构成了在千变万化的表面之后仍然保持稳定的秩序。同样,我们热爱世界之美,因为我们感到其后存在着某种类似智慧的东西,我们想拥有这智慧以满足我们对善的渴求。

在较低的程度上,真正美的艺术品提供了整体性的范例,其中各个独立因素共同作用,以一种我们无法理解的方式构成了独一无二的美。

最后,诸种义务感总是源于对善的渴求,这对从生到死的每一个人都是唯一的、固定的、始终如一的。这渴求不断地在我们内心深处激荡,使我们永远不向诸义务互不相容的境地屈服。我们要么诉诸谎言以忘记义务的存在,要么盲目挣扎以逃离此境地。

沉思真正的艺术品,进一步沉思世界之美,更进一步沉思我们所向往的未知之善,这支撑着我们努力不懈地思考人类秩序,这应该是我们的首要目标。

那些大肆鼓吹暴力的人思量盲目的机械力量如何统治整个宇宙，以从中获取鼓励。

我们比他们更清晰地看到世界，因此我们将获得更大的鼓励，如果我们去思索这些无数盲目的力量是如何通过我们不理解但热爱并称之为美的东西受到制衡，并在共同作用下趋于一致。

如果我们的精神不断思索真正的人类秩序，如果我们将其视为必要时应为之牺牲一切的目标，我们就如同暗夜行走的旅人，没有向导，但始终想着自己意欲遵循的方向。对这样的旅人，存在着巨大的希望。

这秩序是第一需求，甚至超越严格意义上的需求。为了能够思考它，必须了解其他需求。

区分需求与欲望、幻想或恶习，以及区分食物与饕餮或毒药的首要特征是，需求是有限的，与之对应的食物亦然。悭吝者对金子永不餍足，但若给任何人随心所欲地提供面包，他迟早有满足的时候。食物带来满足。灵魂的食粮亦然。

与第一个特征相关的第二个特征是，需求由成对对立的概念构成，需形成一种平衡。人需要食物，但在每餐之间也需要间隔;他需要温暖和凉爽,休息和锻炼。灵魂的需求亦然。

所谓的中间之道实际上在于对两种相反的需求都不满足。充分满足相反的需求是对真正平衡的扭曲。

自 由

自由是人类灵魂不可或缺的食粮。自由,就其具体意义而言,在于选择的可能性。这当然指一种真实的可能性。无论何处,只要存在共同的生活,共同利益所设定的规则就不可避免地对选择有所限制。

但自由的多少并不取决于限制的松紧。在不易衡量的条件下,自由仍可达于其完整性。

规则要足够合理和简明,以便任何有此愿望并拥有一般关注力的人能够一方面理解其用处,另一方面理解使之成立的实际必要性。规则所来自的权威必须不被认为是陌生的或敌对的,而是被视为属于其治下的人民而受到爱戴的。规则必须足够稳定,数量足够有限,足够普遍,使思想能够一劳永逸地掌握，而不是每次要采取决定时都与之抵触。

在这样的条件下，有良好意愿之人的自由，尽管实际上受到限制，在意识中却是完整的。因为规则既已融入自身，他们在思想中就不存在遭到禁止的可能性，因而不必加以拒绝。同样，正常人因教育养成不吃恶心或危险的东西的习惯，不会感到在饮食领域的自由受到限制。只有孩童才会感到限制。

缺少良好意愿或停留在幼稚状态的人在任何社会形态下都永远是不自由的。

当选择的可能性多到损害共同利益时，人便无法享受自由。因为他们不得不要么逃避责任，躲进幼稚和冷漠中去，那样只能感到烦恼，要么总是因担心损害他人而感到被责任压垮。在这样的情况下，人们误以为他们拥有自由却享受不到，于是最终认为自由并非一种善。

顺　服

顺服是人类灵魂的一种生命需求。有两种顺服：顺服既定规则和顺服被视为领导者的人。顺服的前提是同意，不是同意所接受的每一道指令，而是一次性的同意，唯一的保留是必要时应听从良知的要求。

这一点必须获得广泛认可，并且首先被领导者所认可，即顺服的主要动机实际上是同意，而不是对惩罚的恐惧或对奖赏的贪念，这样顺服才不会误为奴役。还要让人明白，领导者也要顺服；整个等级都要朝向一个目标，从最高层到最底层的每个人都要感受到其价值，乃至其伟大性。

顺服是灵魂必不可少的食粮，任何被决定性地剥夺顺服的人都是病人。因此所有被一个无须向任何人负责的最高首领所统治的集体都等于被置于病人之手。

这就是为什么，当一个人终生占据社会组织的最高位置时，他就必须作为象征而非领导者，就如英国国王那样；并且礼节对其自由的限制必须比对人民中的任何一员都更加严格。由是，实际的领导者之上仍然另有其人，尽管他是领导者；另一方面，领导者可以被取代而连续性不会中断，故而每个领导者仍要领受其必不可少的顺服的份额。

通过束缚与残暴使民众屈服的人同时剥夺了民众赖以为生的两种食粮，自由与顺服；因为民众不再是发自内心地认同他们所接受的权威。有人鼓励一种以利欲为主要动机的社会状态，他们这样做等于剥夺了人民的顺服，因为作为顺服原则的认同是不可出卖的。

无数迹象表明我们时代的人很久以来渴望顺服。但有人趁机使他们遭受奴役。

责　任

主动与责任，自我感觉有用甚至不可或缺，这是人类灵魂的一种生命需求。

就此而言失业者遭到彻底的剥夺，尽管他经由援助可得温饱和居所。他在经济生活中一无所用，构成政治生活部分的选票对他而言毫无意义。

体力劳动者的处境几乎好不了多少。

要满足这一需求，人必须经常就与其自身利益无关但自觉介入的大小问题采取决定。他还必须持续付出努力。最后，他要能够在思想上了解他作为成员之一的集体的全部事业，包括他从不采取决定也从不给出意见的领域。为此，必须让他了解集体事业，要求他对其抱有兴趣，使他意识到其价值、用途，以及必要时，其伟大性，并且让他清晰地把握他所参与的部分。

无论任何集体，只要不满足其成员的这一需求，就都是有缺陷的，应当加以改造。

对于任何个性稍强者，对主动性的需求可延伸至对主导性的需求。密集的本地生活，大量的教育活动和青年运动，应能向任何缺乏此能力的人在其一生的某些时段提供主导的机会。

平　等

平等是人类灵魂的一种生命需求。平等在于制度与习俗公开、普遍、有效而真诚地认可每个人都应获得同等的尊重和考虑，因为尊重是对人自身而言，没有等级之分。

因而，人与人之间不可避免的差别永远不应意味着尊重在程度上的差别。为了不使人感到人与人的差别具有这样的含义，平等与不平等之间必须有所平衡。

机会平等在于平等与不平等的某种组合。如果每个人都可获得与其有能力履行的职能相对应的社会地位，如果教育足够普及，没有人会单因其出身而丧失任何能力，那么所有孩子都拥有同等前途。因此，每个人相对他人而言都有同等的前途，无论年轻时对其自身还是将来对其子女而言。

但当此组合是单一地产生作用而不是作为诸因素之一时，则并不形成平衡，且蕴含巨大的危险。

首先，对于一个困于劣势的人，知道自己的处境源于其无能为力，并且知道大家都知道这一点，这于他不是慰藉，而是双重的苦涩；因性格不同，有人陷于绝望，有人走向犯罪。

随之不可避免地在社会生活中产生一种渴望攀升的力量。如果没有一个向下的运动对其加以平衡的话，社会就会生病。一名农场工人的儿子如果确实可能有一天成为部长，那么在同等程度上，一名部长的儿子也应当确实可能有一天成为农场工人。这第二种可能性必然伴随着十分危险的社会限制程度。

这种平等如果单独发挥作用且不受限制，就会为社会生活带来某种使之解体的流动性。

有一些不那么粗暴的方法可以将平等与差异相结合。第一种是比例。比例是平等与不平等的结合，它在宇宙各处都是平衡的唯一因素。

将比例应用于社会平衡，可使每个人承担与其所拥有的权力和福利相应的职责，同时在无能或过失的情况下承担相应的风险。例如，一名无能或对工人犯错的雇主，比起一名无能或对雇主犯错的工人，须在灵魂和肉体上承受大得多的苦楚。而且所有的工人都应当了解这一点。这一方面意味着某种应对风险的安排；另一方面意味着刑法上的一种惩罚观，即社会地位作为加重情节，总是在很大程度上影响着量刑的决定。行使高级公共职能更应伴随着重大的个人风险。

使平等与差异相容的另一种方式是尽可能抹去差异的一切数量特征。在只有性质不同而没有程度不同时，便不存在任何不平等。

使金钱成为一切行为的唯一或几乎唯一的动机，一切事物的唯一或几乎唯一的尺度，不平等的毒药于是撒播各处。的确，这种不平等是动态的；它不依附于人，因为金钱有得有失；但其真实性却并不减少。

有两种不平等，与之对应的是两种不同的刺激作用。大致稳定的不平等，如旧制度下法国的不平等，激起的是对上层的崇拜——其中并非不掺杂着压抑的仇恨——及对其命令的服从。动态和流动的不平等则激起向上攀升的欲望。后者并不比稳定的不平等更接近平等，而且同样不健康。1789年革命所提倡的平等，实际上只是竭力以一种不平等形式取代另一种不平等形式。

社会中的平等程度越高，与两种不平等形式相关的两种刺激起到的作用就越小，因此需要其他刺激。

当人们认为不同的人类境遇只是彼此不同而不加以比较时，就有更大的平等。矿工和部长应当只是两种不同的职业，就像诗人和数学家的职业一样。要考虑到矿工的艰苦物质条件，向他们表示敬意。

在战争年代，如果一支军队拥有充沛的士气，那么士兵就会因身处前线而非后方总部而感到幸福和自豪；将军会因战役结果基于自己的运筹帷幄而感到幸福和自豪；同时，士兵敬仰将军，将军钦佩士兵。

这样的平衡便构成了平等。社会条件中如果有这样的平衡就会有平等。这意味着每种社会条件都得到其应有的尊重而非谎言。

等 级

等级是人类灵魂的一种生命需求。等级由对上级的某种尊重和忠诚构成，上级不在其个人，也不在其所行使的权力，而在于作为象征。其所象征的领域超越所有人之上，在现世表现为每个人对其同类所负的义务。真正的等级，其前提是上级意识到这一象征功能，并明白此功能乃是其下属之忠诚的唯一合法目的。真正的等级，其后果是使每个人在道德上安于其所在的位置。

荣 誉

荣誉是人类灵魂的一种生命需求。即使确实给予每个人自身所应得的尊重，也不够满足此需求；因为尊重对所有人都相同且不变；而荣誉所涉及的则不仅是个人自身，而是处于社会环境中的个人。当每个集体都允许其成员分有其过去获得外界公开认可的伟大传统时，荣誉的需求就得到了充分满足。

例如，为满足职业生涯对于荣誉的需求，每种职业在履行职责中所展现的伟大、英勇、正直、慷慨、才华，均须有相应的集体能够真正鲜活地保存这些珍贵的记忆。

一切压迫都导致对荣誉的饥渴，因为被压迫者所拥有的伟大传统因其缺少社会声望而得不到认可。

这始终是征服的后果。维钦托利[1]不是罗马人的英雄。如果英国人在15世纪征服了法国，圣女贞德就会被遗忘，甚至在很大程度上被我们法国人遗忘。现在我们对安南人和阿拉伯人说起她；但他们知道在法国没人会提起他们的英雄和圣徒；因此我们对之保持的遗忘状态就是一种对荣誉的损害。

社会压迫产生同样的后果。盖内默尔和莫默兹[2]因航空业的社会声望而进入公众意识；矿工和渔民有时展现出的令人难以置信的英雄主义则在矿工和渔民圈子里几乎毫无反响。

对荣誉感的极度剥夺即完全剥夺对某类人群的尊重。在法国，这样的人群以各种形态存在，妓女、

---

1. 维钦托利（Vercingetorix，约前82—前46年），又译韦辛格托里克斯，是高卢阿维尔尼人的部落首领，曾领导高卢人最后反抗罗马的统治。
2. 乔治·盖内默尔（Georges Guynemer，1894—1917年），第一次世界大战中的法国王牌飞行员。让·莫默兹（Jean Mermoz，1901—1936年），首位驾驶飞机穿越大西洋的法国飞行员，1936年葬身于南大西洋。

惯犯、警察、移民和殖民土著中的次无产阶级……这样的人群类别不应存在。只有犯罪才应该剥夺犯罪者的社会尊重，惩罚则应使他们重新融入社会。

惩 罚

惩罚是人类灵魂的一种生命需求。惩罚有两种，惩戒和刑罚。前者提供保障以防止过失，若无外部支持，抵挡过失将使人精疲力竭。但灵魂最必不可少的惩罚是对犯罪的刑罚。罪犯使自身脱离了把每个人与所有其他人相连的永恒义务之网。他只能通过刑罚重新加入，如果他同意完全地加入，否则就是不完全地加入。对饥饿之人表示尊重的唯一方式是给他食物，同样，对违法之人表示尊重的唯一方式是使他服从法律所规定的刑罚，进而重新进入法律范围之内。

如果刑法只是一种通过恐惧进行约束的程序，就像通常的情形那样，那么惩罚的需求便得不到满足。

要满足这一需求，首先需要涉及刑法的一切具有庄严神圣的特征；必须让法庭、警察、被告、犯人都明了法律的庄严，即使是无足轻重的案件，只要该案件可能带来对自由的剥夺。惩罚应是一种荣誉，不仅要抹去犯罪的耻辱，而且要被视为一种再教育，使人为公共福祉做出更大程度的奉献。刑罚的严厉性还必须相应于被侵犯之义务的特征，而不是相应于社会安全的利益。

警察的失信，法官的轻忽，监狱制度，罪犯彻底丧失社会地位，对十次轻微盗窃行为的刑罚比对一次强奸或某些杀人案的刑罚要严酷得多，甚至仅因不幸便遭到惩罚，这一切使我们根本没有名副其实的惩罚。

对于过失与犯罪，法律豁免的程度不应随社会阶梯的攀升而增加，而应随其下降而增加。否则所施加的痛苦就会被感到是束缚甚至是滥权，而不是惩罚。只有当痛苦在某一时刻，哪怕是在事后回忆中，伴随着正义感时，才有惩罚。正如音乐家通过声音唤起美感，刑法体系应当懂得通过痛苦，甚或在必要时通过死亡，唤起罪犯的正义感。正如人们说学徒通过受伤而让手艺进入了身体，惩罚是一种通过肉体的痛苦让正义进入罪犯灵魂的方式。

如何以更好的方式防止高层通过合谋免于刑罚，这是最为棘手的政治问题之一。只有当一人或数人承担阻止此类合谋的职责，并且其所处的地位使其不会受诱惑加入合谋时，才能解决这个问题。

意见自由

意见自由与结社自由通常被相提并论。这是错误的。除非自然聚集，结社不是一种需求，而是实际生活中的权宜举措。

相反，完全而无限的言论自由，无论任何言论均无任何限制和任何保留，这是理智的绝对需求。因而是灵魂的需求，因为当理智感到不适时，整个灵魂都病了。与此需求相应的满足，其性质和界限就印在灵魂诸功能的构造自身。因为同样一件物体可以既有限又无限，就像一个矩形的长可以无限延长而宽仍保持限定。

人的理智有三种运作方式。理智可作用于技术问题，即为一个既定的目标寻求方法。当意志思索如何选择方向时，它可提供启发。最后，在暂时搁置一切对行动的关注的纯理论演绎中，它可与其他功能分离，单独产生作用。

在健康的灵魂中，理智依次以这三种方式运作，伴以不同程度的自由。在第一种功能中，理智是仆从。在第二种功能中，理智具有破坏性，一旦它开始为灵魂的那个部分提供论据时就必须噤声，因为那个部分在任何处于不完善状态的人那里总是在恶的一边。但当理智独立运作时，它就必须拥有无上的自由。否则人便失去了一些本质的东西。

在一个健康的社会也是如此。这就是为什么出版领域最好能够拥有绝对的自由，但出版物在任何程度上都不能让作者担责，并且不向读者提出任何建议。在该领域，所有支持不良事业的论据都可以得到充分展示。这很好，也很有益处。无论谁都可以赞扬他最排斥之事。应当众所周知的是，此类作品的目的不是规定作者面对生活问题的立场，而是通过初步研究，努力完整而正确地列举与每个问题相关的情况。法律将禁止其出版对作者造成任何风险。

相反，有些出版物旨在对所谓意见施加影响，实际上就是对生活方式施加影响，这其实构成了行为，应当受到与所有行为同样的限制。换言之，这些出版物不应对任何人造成任何非法伤害，特别是永远不应包含对人类永恒义务的任何明示或暗示的否认，只要这些义务得到法律的庄严认可。

非行为领域和行为领域之间的区别是无法用法律语言在纸上表述的。但这并不妨碍两者的区别十分清晰。这两个领域实际上很容易区分，只要有足够强烈的意愿。

例如，所有日报和周报都显然属于第二个领域。期刊亦然，因为它们全部都是某种思维方式的辐射源；只有放弃这一功能的报刊才可宣称完全的自由。

文学亦然。这将可以解决最近有关道德与文学的争论，它被下列事实蒙上了阴影，即所有有才华的人，出于职业团结，都处于同一边，另一边则只有傻子和懦夫。

但傻子和懦夫的立场在很大程度上仍然符合理性。作家以令人难以接受的方式玩着双重游戏。他们从没像在我们的时代这样如此大肆宣扬并行使良心导师的角色。事实上，在战前的那些年，除学者外没人与他们争夺这个角色。在国家的道德生活中，过去牧师的位置被物理学家和小说家取代，这足以衡量我们进步的价值。但如果有人要求作家就其影响力的导向做出解释，他们便会恼怒地躲进为艺术而艺术这一神圣特权。

例如，毫无疑问，纪德一直知道，像《人间食粮》或《梵蒂冈地窖》[1]这样的书影响了众多年轻人的生活方式，并且他们以此为傲。因而没有任何理由把这些书置于为艺术而艺术这不可侵犯的屏障之后，也没有任何理由把一个将他人从行进的火车上推下去的年轻人投入监狱。人们也完全可以站在罪行一边鼓吹为艺术而艺术的特权。从前的超现实主义者就距此不远。那么多傻子不厌其烦地重复作家为我们的失败所应负的责任，不幸的是，他们说的一切显然是对的。

如果一名作家利用纯粹理智所拥有的完全自由，发表与法律认可的道德原则相违背的作品，如果他后来成为广为人知的影响焦点，那么大可询问他是否准备好告知公众那些作品并不代表他的立场。在

---

1. 安德烈·纪德（André Gide，1869—1951年），法国作家，著有小说、剧本、论文、散文、日记、书信多种，1947年获诺贝尔文学奖。 散文集《人间食粮》和小说《梵蒂冈地窖》分别发表于1897年和1914年。在《梵蒂冈地窖》中，一个名叫拉夫卡蒂奥的年轻人毫无动机地把另一个人物阿梅代推下火车致死。

相反的情况下，则大可对他施以惩罚。如果他撒谎，大可使他名誉扫地。而且，应该承认，一旦一名作家在引导公共舆论的影响力中占据一席之地，他就不能宣称无限自由。同样，法律上无法定义，但事实则不难辨别。在可以用法律术语表达的领域，没有任何理由限制法律至高无上的权威，因为衡平判断也行使此权威。

而且，自由的需求对理智是如此重要，这一需求本身也要求受到保护，以免于暗示、宣传、强迫的影响。这些是特别的强制方式，并不伴随着恐惧或肉体痛苦，但仍然是一种暴力。现代技术为之提供了极为高效的工具。这种强制就其本质而言是集体性的，人类灵魂是其受害者。

当然，国家自身如果使用这些方式的话便是犯罪，除非为公共福利而迫不得已。但国家仍应禁止其使用。例如，广告宣传应受到法律的严格限制；其数量应大为减少；应永久性严禁其触及思想领域的主题。

同样，新闻媒体、无线电广播等类似机构可能受到管制，不仅因为违反公认的道德原则，而且因为其语调和思想卑下、品位低劣、粗俗及暗中败坏道德氛围。这种管制可以完全不影响任何意见自由。例如，可以取消一份报纸而不会让编辑人员失去在他们愿意的地方出版的权利，甚至在不太严重的情况下，他们可以联合起来用另一个名号继续办同一份报纸。只是，该报将在公共领域声名狼藉，且有可能继续如此。意见自由只应在有保留的情况下赋予记者而不是报纸；因为只有记者才有能力形成意见。

一般说来，如果我们指出言论自由是理智的需求，而理智只存在于被视为独立的个人，那么有关言论自由的所有问题都可得到澄清。没有集体从事的理智活动。因而没有任何团体能够正当地宣称言论自由，因为团体对其毫无需求。

与此完全相反，保护思想自由要求通过法律禁止团体表达意见。因为当一个团体开始产生意见时，它便不可避免地将其强加于其成员。个体迟早会发现自己或多或少被严格禁止就各类大小问题表达与团体相抵牾的意见，除非他脱离团体。但与自身所在团体决裂总是会带来痛苦，至少是情感上的痛苦。危险与可能的痛苦对行动而言是健康和必要的因素，但在运用理智时则是不健康的。即便是轻微的恐惧也总是随勇气的程度导致不同程度的屈服或紧张，无须更多就可以对理智这极为精微脆弱的工具造成损伤。就此而言，即使友谊也是巨大的危险。只要在思想表达之前冠以"我们"这个小词，无论是明确的还是隐含的，理智就失败了。当理智之光暗淡时，对善的热爱便很快迷失了。

立即可行的解决办法是废除政党。像在第三共和国那样的党派之争是不可容忍的；一党专制是其不可避免的终点，是极度的邪恶；除了无党派的公共生活之外别无其他可能。今天，这样的想法听上去新颖而大胆。这再好不过，因为我们需要新鲜事物。但实际上，这只是1789年的传统。在1789年的人眼中甚至没有其他可能；像我们在过去半个世纪那样的公共生活在他们看来就如可怕的噩梦；他们永远不会相信，一名人民代表会放弃自己的尊严，直至成为一名驯顺的党员。

而且，卢梭早已清楚地阐明，党派之争会自动毁掉共和国。他预言了其后果。此时鼓励大家阅读《社会契约论》是件好事。事实上，目前有政党之处，民主无不死亡。每个人都知道英国的政党具有无可比拟的传统、精神和功能。每个人也知道，美国的各派竞争力量并不是政党。由党派之争构成公共生活的民主制度无力阻止形成一个以摧毁民主为公开目标的政党。如果这样一种民主制定例外法令，那便是自我窒息。如果不制定例外法令，其安全处境也如同一只面对毒蛇的小鸟。

要区分两种团体，一种是利益团体，可允许某种程度的组织和纪律；另一种是思想团体，对其应严禁任何组织和纪律。在目前的局势下，让人们聚集起来以保护他们的利益，即与金钱有关的利益，并让他们在十分严格的限制和公共权力的永久监督下行事，这是件好事。但这些团体不能触及思想。涉及活跃思想的应当是多少具有一些流动性的圈子，而非团体。一项行动在那里筹划时，没有理由让不认可它的人去实施。

例如，在工人运动中，这样的区分将终结一种难以解决的混乱状况。在战前，有三种趋势始终在拉拢并牵扯着所有工人。首先是为了金钱的斗争；随后是从前理想主义的且多少有些自由主义的古老工会主义精神的残余，日渐微弱但始终保持些许活力；最后是政党。在罢工过程中，斗争中的苦难工人可能常常无法意识到，这一切是为了薪资还是出于古老的工会精神，抑或是一个党派所领导的政治行动；也没有任何一个局外人能够意识到。

这样的局势已难以为继。战争爆发时，法国的工会几乎已消亡，尽管有成百万工会会员，或者正该归咎于他们。在抵抗入侵者之时，工会在漫长的昏睡之后重新出现了一些生命迹象。但这并不证明它可以持续下去。毋庸置疑，法国的工会几乎已被两种致命的毒素毁灭。

如果工人像在工厂做计件工那样执迷于金钱，工会是无法存活的。首先因为对金钱的执念总是会导致道德死亡。其次是因为，在目前的社会条件下，工会作为始终活跃于国家经济生活中的元素，最终会不可避免地被改造为单一的强制性专业组织，驯服于官方体制。工会于是进入了僵尸状态。

另一方面，同样明显的是，法国的工会不可能与政党共存。类似力学定律里的不可能。出于类似原因，社会党也无法与共产党共存，因为后者具有更高度的党派性质。

而且，薪资和金钱问题是如此尖锐，涉及几乎所有人，同时为所有人带来一种如此致命的烦闷感，使宣扬革命的末日前景对于抵消这烦闷变得必不可少。如果说资产阶级对末日没有同样的需求，那是因为高涨的数字具有一种诗意和魔力，稍许缓解了与金钱相关的烦闷，而当金钱以分币计算时，只有纯然的烦闷。并且，大小资产者对法西斯主义的爱好表明，他们无论如何仍然很烦闷。

维希政府在法国为工人创建了单一强制性的职业组织。很遗憾，该政府按现代用法给了这些组织行业工会的名字，而这个名字在现实中指向一种如此不同而美好的东西。但幸好这些僵死的组织承担了工会活动业已消亡的部分。取缔这些组织将是很危险的。最好是让它们负责处理工资和所谓即时诉求等日常事务。至于政党，如果说在一种普遍的自由气氛下被严格禁止，我们应希望其地下存在至少会是困难的。

在这种情况下，工人工会如果还存有一丝真正的生命之光，可以逐渐重新成为工人思想的表达和工人荣誉的机关。法国工人运动始终自认为对全世界负有责任，依此传统，工会将关心所有关乎正义之事——包括间或在必要时关注薪资问题，但最终目标是解救劳苦大众。

当然，工会应能根据法律规定的程序对职业组织施加影响。

禁止职业组织发动罢工，而在有保留的条件下允许工会发动罢工，同时要求工会对此承担相应的风险，禁止一切形式的强迫，并保障经济生活的持续性，这样做也许只有好处。

至于停工，则没有理由不予以完全禁止。

对思想团体的许可则受制于两个条件。首先，不存在开除。招募新成员可通过认同感自由举行，但任何人不得受邀加入一个以书面形式确定规章制度的团体；成员一旦加入即不得开除，除非犯下损及荣誉的错误或渗透行为；而且渗透行为意味着非法组织的存在，从而会招致更严重的惩罚。

这里真正包含着促进公共安全的措施，因为经验表明，极权国家是由极权政党建立的，而极权政党是通过驱逐反对意见而形成的。

另一个条件是，真正存在思想的流通，以及具体可感的证明，如以宣传册、评论或打字通告的形式讨论普遍关注的问题。意见过于统一会使一个群体显得可疑。

此外，所有思想团体应被允许以其认为合适的方式行事，只要不触犯法律，且不以任何纪律对其成员加以约束。

对利益群体的监督首先应该包含以下区分，即利益这个词有时表达需求，有时则表达截然不同的东西。对于一名贫穷的工人，利益意味着食物、住所、取暖。对于一名雇主，利益则意味着其他东西。当这个词在第一个意义上使用时，公权力行为应主要在于激励、支持、保障利益的维护。在相反的情况下，利益群体的活动应受到持续的监控和限制，而且每次在必要时要受到公权力的管制。自然，最严格的限制和最痛苦的惩罚要施加于那些本质上最具强权之人。

所谓的结社自由迄今为止实际上是社团的自由。然而社团无须自由；它们只是工具，应当受到制约。自由只适于人。

至于思想自由，人们说没有思想自由就没有思想，这在很大程度上是真实的。但更真实的说法是，没有思想便没有思想自由。近些年有许多思想自由而没有思想。这情形大体上像一个没有肉却要用盐来调味的孩子。

安　全

安全是灵魂的一种根本需求。安全意味着灵魂不处于害怕或恐惧的重压之下，除了意外情况和某些罕见而短暂的时刻。害怕或恐惧，作为持久的精神状态，是近乎致命的毒药，无论其原因是失业的威胁，警察的镇压，外来征服者的存在，即将到来的入侵，还是其他任何看来超出人类力量的不幸。

罗马奴隶主把鞭子放在奴隶们能看到的门厅，知道这景象会使灵魂处于半死状态，这对奴隶制必不可少。另一方面，按照埃及人的说法，义人在死后应当能够说："我没有让任何人感到惧怕。"

即使永久的恐惧只是一种潜在状态，偶尔才令人感到痛苦，它仍然始终是一种病症。这是灵魂的半麻痹状态。

风　险

风险是灵魂的一种根本需求。缺乏风险令人烦闷，这不同于恐惧，但会导致几乎同样的麻痹。此外，有些情况隐含无确切危险的弥漫性焦虑，可同时传播烦闷和恐惧这两种病症。

风险是一种危险,可激起思索后的反应;风险不会超出灵魂的能力,不致将其碾压于恐惧之下。在某些情况下,它包含着博弈的成分;在其他情况下,当人被迫面对一项确切的义务时,它成为最强烈的兴奋剂。

保护人类免于害怕和恐惧,并不意味着取消风险;相反,这意味着社会生活各方面总是存在一定量的风险;因为风险缺失会削弱勇气,致使灵魂在需要时却没有丝毫抵御惧怕的内在保护。只是风险出现的条件是它不会转变为宿命感。

私人所有

私人所有是灵魂的一种生命需求。灵魂会孤独而失落,如果四周不是环绕着对它来说如同身体四肢的延伸物的话。每个人都必然倾向于在思想中占有自己长期持续不断用于工作、娱乐或生活所必需的一切。就像一名园丁在一段时间后感到花园就属于他。但是,当占有感与合法所有不一致时,人便不断感到极其痛苦的割裂的威胁。

承认私人所有是一种需求，这意味着所有人都可能拥有日常消费品之外的其他物品。该需求的形式因情形而变；但最好是大多数人可以拥有其住所及周边的一些土地，以及在技术上可能时，也拥有他们的劳动工具。土地和牲畜应与农作工具的数量相符。

如果土地由农业工人和农场帮工在管理人的命令下耕作，并由获取利润的城镇居民拥有，私有原则就遭到了侵犯。因为在所有与这片土地发生关系的人当中，没有一个人不是这样那样地置身事外。土地被浪费了，不是从粮食的角度，而是从它本可以满足私有需求的角度。

还有另外一种有限的情况，即农民与其家人耕种他所拥有的土地，在前述的极端情况和这种有限情况之间还存在很多中间状况，其中人的私有需求或多或少被忽视了。

集体所有

分享集体财产，不在于参与物质享受而在于参与拥有感,这是一种同样重要的需求。这更多关乎一种精神状态,而非法律规定。在真正存在公民生活的地方,每个人都感到自己是公共古迹、园林、盛大仪式的拥有者,由此最贫困者也能享有几乎所有人都渴望的奢侈。但提供这一满足感的不应仅仅是国家,而应是整个集体。

一家现代化大工厂就所有权的需求而言是一种浪费。无论是工人还是董事会雇用的经理,无论是从未见过工厂的董事还是不知工厂存在的股东,都无法在工厂找到丝毫对此需求的满足。

当交换与获取的方式导致物质和道德食粮的浪费时,就必须加以改变。

在所有权和金钱之间没有任何本质关联。今天建立的关联只是一个将全部可能的动力集中于金钱的体制的后果。这个体制是不健康的,要进行反向解体。

所有权的真正标准是,当它真实时才是合法的。或更加准确地说,涉及所有权的法律越能更好地利用世间财富所包含的可能性以满足所有人对所有权的共同需求,就越完善。

因此，目前获取和拥有财产的方式应该以所有权原则的名义加以改变。无论何种占有，只要不能满足人对私有或集体所有的需求，就有理由被视为无效。

这并不意味着要将其让渡给国家，而意味着要试着使之成为真正的所有权。

真　实

对真实的需求比任何其他需求都更为神圣。这一点却从未被提及。当人们意识到哪怕在最有名望的作者的书中都铺陈着众多巨大的实质性错误时，人们就会害怕阅读。于是阅读就好像饮用可疑的井水。

有些人一天工作八小时，还在晚上努力读书自学。他们无法在大型图书馆里验证其知识来源。他们相信书里的话。人们无权让他们汲取谬误。声称作者本意是好的，这有什么意义呢？作者并不会每天从事八小时体力劳动。社会供养他们，使他们有闲暇并努力避免谬误。一名造成火车出轨的扳道工如果声称他本意是好的，是不会被接受的。

更何况，众所周知，有些报刊的撰稿人如果不同意时而故意歪曲真相的话是无法留下来的，宽容这类报刊是可耻的。

公众不信任报刊，但这不信任并不能保护他们。公众大体上知道一份报纸既包含真相也包含谎言，他们于是将其发布的消息依个人喜好盲目划分到这两类里。这样他们就被掷于谬误之中。

众所周知，当新闻业混同于谎言组织时，便构成了犯罪。但人们相信这是一种不受惩罚的犯罪。到底什么能够阻止人们惩罚一项被认定为犯罪的活动呢？不受惩罚的犯罪，这种奇特的观念到底从何而来呢？这是对法律精神最骇人听闻的歪曲。

难道不是时候宣布，一切可辨认的罪行都应受到惩罚，而且我们决心在有机会时惩罚所有罪行吗？

几个简单的公共安全措施将保护公众抵御对真实的损害。

第一个措施是为此建立享有高度尊荣的特别法庭，由专门甄选和培训的法官组成。他们的职责是公开谴责所有可避免的谬误，并对明显故意的屡犯行为处以监禁和劳役。

例如，当一名古希腊爱好者在马里坦[1]最新出版的书里读到："古代最伟大的思想家们都没有想到谴责奴隶制"，他可以在一个这样的法庭面前对其进行解读。他可以带去关于奴隶制的唯一流传至今的重要文本，即亚里士多德的文本。他可以让人向法官朗读下列句子："有人断言，奴隶制绝对违背自然与理性。"他可以指出，没有什么能让人假定这些人不在古代最伟大的思想家之列。法庭将指责马里坦发表虚假陈述，虽然对他而言避免错误并不难，而且造成了对一整个文明的严重诽谤，尽管这非其所愿。所有日报、周报及其他报刊，所有期刊和电台都有义务将法庭的指责公之于众，并公布马里坦的回应。但就此具体情形而言，他将很难做出回应。

《格兰高尔》[2]曾全文发表一篇演讲，署名作者是一名西班牙无政府主义者，他此前被宣布为一个在巴黎举行的会议上的演讲人，但事实上，他在最后

---

1. 雅克·马里坦（Jacques Maritain，1882—1973年），法国天主教哲学家，致力于振兴圣托马斯·阿奎那的哲学思想，并对起草《世界人权宣言》具有影响力。
2. 《格兰高尔》(*Gringore*)是1928年由贺拉斯·德·卡尔布西亚（Horace de Carbuccia）在乔治·苏亚雷斯（Georges Suarez）和约瑟夫·凯塞尔（Joseph Kessel）的协助下创办的一份法国右翼政治和文学周报。

一刻未能离开西班牙，此时这样的法庭将不会是多余的。在这种恶意昭彰的情况下，判处监禁或劳役大约不会太过分。

在这个制度下，任何人在一份发表的文本或一个电台节目中发现可避免的错误，都可以向这样的法庭提出指控。

第二个措施将是绝对禁止电台或日报发表任何宣传，只允许这两种机构传播无倾向性信息。

前述法庭要确保信息没有倾向性。

新闻机构不仅可以对错误的言论做出判断，还可以对蓄意的和有倾向性的遗漏做出判断。

交流思想并渴望为人所知的圈子应当只有发行周刊、半月刊或月刊的权利。要想促人思考而不是使人糊涂，完全不需要更频繁的发表周期。

同样的法庭可通过监督对说服手段进行纠正，并在某一机构过于频繁地扭曲真相时将其撤销。但其编纂者可以用别的名号让它重新问世。

这一切完全不会侵犯公共自由。人类灵魂最神圣的需求，即免于暗示和谬误的需求，将得到满足。

但人们会反对说，由谁来保证法官的公正性呢？除了完全独立之外，唯一的保证是法官们须来自完全不同的社会背景，天生拥有广阔、清晰和准确的心智，并在一所不提供法律教育，而首先提供精神教育，其次才是智识教育的学校接受培养。在那里他们必须习惯于热爱真实。

如果不能为此目的找到热爱真实的人，就毫无可能满足人民对真实的需求。

图书在版编目（CIP）数据

词语的力量/（法）西蒙娜·薇依著；魏柯玲译. —北京：商务印书馆，2023
（伟大的思想. 第二辑）
ISBN 978-7-100-22031-6

Ⅰ.①词… Ⅱ.①西…②魏… Ⅲ.①词语—研究 Ⅳ.①H042

中国国家版本馆 CIP 数据核字（2023）第062211号

权利保留，侵权必究。

伟大的思想 第二辑
词 语 的 力 量
〔法〕西蒙娜·薇依 著
魏柯玲 译

商 务 印 书 馆 出 版
（北京王府井大街36号 邮政编码100710）
商 务 印 书 馆 发 行
山 东 临 沂 新 华 印 刷 物 流
集 团 有 限 责 任 公 司 印 刷
ISBN 978-7-100-22031-6

2023年9月第1版　　开本 787×1092 1/32
2023年9月第1次印刷　　印张 47
定价：260.00元（全十册）